Lieblingsgerichte ohne Fleisch

100 Rezepte aus Brigitte

Herausgegeben von Dr. Barbara Rias-Bucher

Essen ohne Fleisch muß nicht langweilig sein, ganz im Gegenteil: Ob leckere Salate, internationale Suppen, knusprige Aufläufe und Gratins oder einfallsreiche Nudel- und Reisgerichte – die vegetarische Küche hat für jeden etwas zu bieten. Kräuter, Gewürze und vor allem frisches Gemüse machen das Kochen ohne Fleisch zum Genuß.

Ein Brigitte-Buch bei Goldmann

INHALT

Kräutersalat mit Rauke

▶ Für 4 Portionen; Foto rechts

100 g Rauke, 50 g Brunnenkresse,
50 g Sauerampfer, 1 Bund Pimpinelle,
1 Handvoll Kerbel, 100 g kleine weiße
Champignons, 2 Limetten,
1 Knoblauchzehe, Salz,
frisch gemahlener Pfeffer,
6 Eßl. Olivenöl, 50 g Parmesankäse.

Von der Rauke die groben Stiele entfernen. Rauke, Brunnenkresse, Sauerampfer, abgezupfte Pimpinelleblättchen und Kerbel waschen und trockenschleudern. Alle Kräuter mischen. Champignons putzen, in Scheiben schneiden und zugeben. Für die Soße den Saft einer Limette mit der zerdrückten Knoblauchzehe, Salz und Pfeffer verrühren. Olivenöl nach und nach mit einer Gabel unterschlagen. Den vorbereiteten Salat mit der Soße mischen. Mit frisch gehobeltem Parmesankäse bestreuen und mit den restlichen Limettenachteln garniert sofort servieren (pro Portion ca. 250 Kalorien). Dazu: Toast oder Vollkornbrötchen und Butter.

TiP Mit Rauke können Sie jeden Blattsalat verfeinern. Achten Sie darauf, daß die Salatsoße nicht zu scharf ausfällt. Am besten schmecken übrigens die jungen Blätter, ältere können bitter sein.

Salat mit Artischocken

▶ Für 4 Portionen

250 g Radicchio, 150 g Champignons,
1 Dose Artischockenherzen
(Einwaage 400 g), 2 Eßl. Essig,
1 Zwiebel, 1 Knoblauchzehe, Salz,
1 Teel. Senf, 4 Eßl. Olivenöl,
frisch gemahlener Pfeffer, Zucker,
1 Kästchen Kresse.

Radicchio grob zerpflücken. Champignons putzen, waschen und in Scheiben schneiden. Artischockenherzen abtropfen lassen und vierteln. Für die Salatsoße Essig, Zwiebelwürfel, zerdrückten Knoblauch, Salz und Senf verrühren. Olivenöl dazugeben und mit einer Gabel schlagen, bis eine cremige Soße entsteht. Mit Pfeffer und einer Prise Zucker abschmecken. Radicchio, Champignons, Artischockenherzen und Kresse in einer Schüssel oder auf einem Teller anrichten. Mit der Salatsoße übergießen (pro Portion ca. 205 Kalorien).

TiP Damit Salatsoße schön sämig wird, verrührt man zuerst den Essig mit Gewürzen und Senf. Das Öl wird zuletzt untergeschlagen. Enthält die Soße auch Zwiebelwürfel, Knoblauch oder Kräuter, geht das am besten mit einer Gabel. Sonst nimmt man den Schneebesen.

Petersilienwurzelsalat

▶ Für 4–6 Portionen

2 Bund Petersilienwurzeln, 1 Möhre,
je 1 Eßl. Olivenöl und Butter,
2 gekochte Pellkartoffeln
(festkochende Sorte), 100 g Feldsalat,
je 30 g Walnuß- und Pinienkerne;
Soße: 50 ccm Gemüsebrühe (Instant),
1 Eßl. Sherryessig,
1 Eßl. Aceto balsamico (Balsamessig),
1 Eßl. Akazienhonig
(ersatzweise Honig),
2 Eßl. Walnußöl, 4 Eßl. Sesamöl,
2 Eßl. geröstete Sesamsaat,
frisch gemahlener Pfeffer, Salz.

Petersilienwurzeln und Möhre schälen und in Scheiben schneiden. Im heißen Fett zehn Minuten unter Rühren dünsten. Von der Kochstelle nehmen und abkühlen lassen. Kartoffeln schälen und in feine Würfel schneiden. Feldsalat verlesen, gründlich waschen und trockenschwenken. Alle Salatzutaten in einer großen Schüssel locker mischen. Kalte Gemüsebrühe mit den beiden Essigsorten, Honig und den beiden Ölsorten verrühren. Sesam, Pfeffer und Salz untermischen. Soße über den Salat geben (pro Portion ca. 400 Kalorien).

TiP Petersilienwurzeln werden ab Oktober geerntet und angeboten. Kühl und feucht aufbewahrt, halten sie sich lange frisch, bleiben fest mit glatter Schale. Beim Dünsten – wie oben für den Salat – und Braten kommt der aromatische, süße Geschmack der Wurzeln besonders gut zur Geltung.

Grüner Salat mit Papaya und Kresse

▶ Für 4 Portionen

1 großer grüner Salat,
3 Kästchen Kresse, 2 reife Papayas,
2 Zitronen, 2 Eßl. Zucker, Salz,
frisch gemahlener Pfeffer.

Den Salat waschen, trockentupfen und zerpflücken. Kresse abschneiden. Papayas sehr dünn schälen, halbieren, entkernen und in Streifen schneiden. In einer Salatschüssel oder auf einer Platte anrichten. Mit einigen Papayakernen bestreuen. Zitronensaft mit Zucker, Salz und Pfeffer verrühren. Vor dem Servieren über die Zutaten gießen. Salat am Tisch mischen (pro Portion ca. 80 Kalorien).

Sauerkrautsalat

▶ Für 4 Portionen

250 g helle Weintrauben,
2 Lauchzwiebeln, 50 g Haselnußkerne,
750 g frisches Sauerkraut
mit Wacholderbeeren (Reformhaus),
3 Eßl. Öl, 1 Zitrone, Zucker,
grob geschroteter Pfeffer.

Die Trauben waschen, trockentupfen und halbieren. Lauchzwiebeln putzen, waschen und in feine Ringe schneiden. Die Haselnußkerne grob hacken. Sauerkraut mit einer Gabel zerpflücken und eventuell grob zerschneiden. Mit Weintrauben, Lauchzwiebeln, Nüssen und Öl mischen. Mit Zitronensaft, Zucker und Pfeffer würzen (pro Portion ca. 270 Kalorien). Dazu: Bauernbrot mit Butter oder Pellkartoffeln.

TiP Zum Rohessen nimmt man am besten frisches Sauerkraut, das es in Naturkostläden, Reformhäusern und beim Metzger gibt. Sauerkraut in Dosen wird pasteurisiert, also erhitzt, damit es sich hält. Es eignet sich deshalb für Gerichte, die man ohnehin gart.

Brotsalat aus Umbrien

▶ Für 6 Portionen

1 Kastenweißbrot (etwa 500 g),
1/2 Salatgurke, 250 g Tomaten,
1/2 Staudensellerie mit Grün,
2 rote Zwiebeln, 1 Bund Basilikum,
2 Eßl. Kapern, 3 Eßl. Essig,
Salz, frisch gemahlener Pfeffer,
100 ccm kaltgepreßtes Olivenöl.

Brot entrinden und mit den Händen zerkrümeln. Die Gurke waschen oder schälen, quer halbieren und jede Hälfte längs teilen. Kerne herausschneiden, Gurkenstücke quer in Scheiben schneiden. Tomaten waschen, abtrocknen und achteln. Selleriestangen waschen, die Blättchen abschneiden und grob hacken. Die Stangen in Scheibchen teilen. Zwiebeln abziehen und in dünne Ringe schneiden. Basilikum waschen, trockentupfen, Blättchen abzupfen. Alle diese zerkleinerten Zutaten mit Kapern, einschließlich Flüssigkeit, dem Essig, Salz, einer kräftigen Prise Pfeffer und dem Öl verrühren. Alles gut durchmischen und den Salat zugedeckt bei Zimmertemperatur etwa eine Stunde ziehen lassen (pro Portion ca. 380 Kalorien).

TiP Falls Sie das lockere italienische oder französische Landbrot bekommen: Damit schmeckt der Salat am besten.

Couscous-Salat mit Petersilie

▶ Für 4 Portionen; Foto rechts

150 g Couscous (feiner Weizengrieß),
2 Tomaten, je eine rote, gelbe und grüne Paprikaschote, 1 kleiner Zucchino,
2 Eßl. Sesamsaat, 1 Bund Petersilie,
2 Eßl. Rosinen;
Soße: Saft einer Zitrone,
1 Eßl. Birnendicksaft (Reformhaus; ersatzweise flüssiger Honig),
5 Eßl. Erdnußöl, Salz,
frisch gemahlener Pfeffer.

Couscous in 300 Kubikzentimeter kaltem Wasser eine Stunde einweichen. Ab und zu vorsichtig mit einer Gabel umrühren. Tomaten überbrühen, abziehen, vierteln und entkernen. Geputzte Paprikaschote in Rauten, Zucchini in Stücke schneiden. Sesam in einer Pfanne ohne Fett goldbraun rösten. Für die Soße Zitronensaft, Birnendicksaft und Öl verrühren. Mit Salz und Pfeffer würzen. Couscous mit gehackter Petersilie, Rosinen, gerösteter Sesamsaat und vorbereitetem Gemüse mischen. Soße darübergeben und den Salat 30 Minuten durchziehen lassen (pro Portion ca. 380 Kalorien).

TiP Couscous-Gries bekommen Sie in türkischen Lebensmittelgeschäften.

Rettichsalat mit Brunnenkresse

▶ Für 4 Portionen; Foto Seite 2/3

100 g rote Linsen, 350 ccm Gemüsebrühe, 400 g Möhren, 1 weißer Rettich,
1/2 Bund Brunnenkresse,
1 Eßl. Tomatenmark, Salz,
frisch gemahlener Pfeffer, 1/2 Zitrone.

Linsen in der Gemüsebrühe etwa fünf Minuten kochen. Auf einem Sieb abtropfen lassen, dabei die Brühe auffangen. Möhren (eine zur Garnitur beiseite legen) schälen und auf der Rohkostreibe grob raffeln. Vom geschälten Rettich das Mittelstück eventuell auf einem »Radi-Schneider« zu einer Spirale schneiden. Oder für die Garnitur in dünne Scheiben schneiden. Den restlichen Rettich auf der Rohkostreibe raffeln und mit den Möhren vermischen. Die Brunnenkresse von den Stielen zupfen, abspülen und trockenschleudern. Linsenbrühe mit Tomatenmark verrühren, mit Salz, Pfeffer und Zitronensaft abschmecken. Die restliche Möhre in hauchdünne Scheiben schneiden (geht gut mit einem Sparschäler). Möhren, Rettich und Linsen auf Portionstellern anrichten. Mit der Brühe beträufeln und mit Brunnenkresse und grob gemahlenem Pfeffer bestreuen (pro Portion ca. 130 Kalorien). Dazu: Bauernbrot mit Butter.

Zucchinisalat mit gerösteter Gerste

▶ Für 4 Portionen

50 g Gersten-Graupen, Kräutersalz,
1 kleiner Radicchio, 2 Äpfel,
2 mittelgroße Zucchini, 6 Eßl. Olivenöl,
Salz, 2 Knoblauchzehen,
2 Eßl. Sanddornsirup,
1 Eßl. Aceto balsamico (Balsamessig),
frisch gemahlener Pfeffer,
100 g Ziegen-Frischkäserolle
(ersatzweise milder Schafkäse),
einige Basilikumblättchen.

Graupen in warmem Wasser zwei Stunden quellen lassen. Abtropfen lassen und in einer Pfanne ohne Fett unter ständigem Rühren rösten. Mit Kräutersalz bestreuen. Radicchio putzen und mundgerecht zerpflücken. Äpfel heiß abspülen, entkernen und in Scheiben schneiden. Zucchinischeiben in drei Eßlöffel heißem Öl kurz andünsten und salzen. Aus der Pfanne nehmen und zur Seite stellen. Zerdrückten Knoblauch, Sanddorn, Essig und restliches Öl in das Bratfett geben und unter Rühren einmal aufkochen. Mit Salz und Pfeffer abschmecken. Zucchini, Radicchio, Apfelspalten und Käse auf einer Platte anrichten. Mit warmer Marinade begießen und mit Gerste und Basilikum bestreuen (pro Portion ca. 295 Kalorien).

Reissalat mit Tomaten und Mozzarella

▶ Für 3 Portionen

100 g Naturreis, 1 Eßl. Kurkuma
(Gelbwurz), Salz, 2 Zucchini,
250 g Tomaten,
1 Mozzarellakäse (125 g),
2 Bund Basilikum, grober Pfeffer,
2 Eßl. Rotweinessig, 1 Teel. Zucker,
1 Teel. Curry, 3 Eßl. Olivenöl.

Reis mit Kurkuma in reichlich Salzwasser in etwa 40 Minuten weich kochen. Auf einem Sieb abtropfen lassen. Inzwischen Zucchini waschen und in Scheiben schneiden. Tomaten waschen und vierteln. Mozzarella abtropfen lassen und in Stücke schneiden. Basilikum abspülen und trockentupfen. Grob zerpflücken und unter den abgekühlten Reis mischen. Pfeffer, Essig, Salz, Zucker, Curry, Olivenöl und vier Eßlöffel lauwarmes Wasser verrühren. Reis, Käse und Gemüse auf Tellern anrichten. Mit der Salatsoße übergießen und zehn Minuten durchziehen lassen (pro Portion ca. 420 Kalorien).

TiP Wer auf der Elektroplatte kocht, kann den Reis schon nach der halben Garzeit ausschalten. Die Speicherwärme reicht zum Garen aus.

Salat mit Frischkäse und Radicchio

▶ Für 4 Portionen; Foto Umschlag hinten

1 Bund Brunnenkresse (ersatzweise 2 Kästchen Gartenkresse), 1 großer Kopf Radicchio, 200 g Doppelrahm-frischkäse, 1-2 Teel. grob gemahlener Pfeffer,1 unbehandelte Zitrone, Salz, frisch gemahlener Pfeffer, 1 Prise Zucker, 8 Eßl. Oliven- oder Erdnußöl.

Brunnenkresse abspülen, trockentupfen und Blättchen abzupfen. Radicchio putzen und in mundgerechte Stücke teilen. Frischkäse mit einem Teelöffel in kleine Portionen teilen und mit angefeuchteten Händen zu Kugeln formen. Kugeln in grob gemahlenem Pfeffer wälzen. Zitrone heiß abspülen. Die Schale mit einem Zestenreißer abziehen oder dünn abschälen und in feine Streifen schneiden; Zitrone auspressen. Vier bis fünf Eßlöffel Zitronensaft, Salz, Pfeffer, Zucker und Öl verrühren. Radicchio und Brunnenkresse in die Soße geben und vorsichtig mischen. Auf Tellern verteilen, mit Zitronenschale bestreuen und mit den Frischkäsekugeln belegen (pro Portion ca. 365 Kalorien). Dazu: Vollkornbrot oder Pellkartoffeln.

Kichererbsensalat mit süßsaurer Soße

▶ Für 4 Portionen

1 kleine Dose Kichererbsen,
1/2 Bund Lauchzwiebeln,
1 großer Bund Petersilie,
50 g Sonnenblumenkerne,
1 Eßl. Weißweinessig,
1 Eßl. Ahornsirup (ersatzweise flüssiger Honig), Kräutersalz, frisch gemahlener Pfeffer,
4 Eßl. Sesamöl (ersatzweise kaltgepreßtes Olivenöl).

Kichererbsen auf ein Sieb abgießen und gut abtropfen lassen. Lauchzwiebeln putzen, kalt abspülen, trocknen und in feine Ringe schneiden. Petersilie waschen, trockentupfen, Blättchen abzupfen und grob zerkleinern. Sonnenblumenkerne in einer Pfanne ohne Fett unter Rühren goldbraun rösten. Alle diese Salatzutaten in einer Schüssel mischen. Essig, Ahornsirup, Kräutersalz und Pfeffer verrühren. Öl unterschlagen und über den Salat geben. Salat zugedeckt bei Zimmertemperatur 15 Minuten ziehen lassen (pro Portion ca. 380 Kalorien). Dazu: Baguettescheiben, belegt mit Gorgonzola und unter dem Grill kurz überbacken.

Bohnensuppe

▶ Für 4 Portionen; Foto rechts

1 Bund Suppengrün, 30 g Butter oder Margarine, 3/4 l Gemüsebrühe, 1 Bund Petersilie, 1 Paket TK-Dicke Bohnen (300 g), 250 g Schlagsahne, Salz, frisch gemahlener Pfeffer, Muskat, 1 Orange, 4 Scheiben Toastbrot, 4 Eßl. Öl, 2 Knoblauchzehen.

Suppengrün putzen und in Würfel schneiden. Im heißen Fett andünsten. Brühe zugießen und zugedeckt 15 Minuten bei kleiner Hitze kochen. Die Petersilienblättchen abzupfen und unterrühren. Suppe mit dem Schneidstab des Handrührers oder im Mixer fein pürieren. Bohnen in 10 bis 15 Minuten in der Suppe weich kochen. Sahne unterrühren. Die Suppe mit Salz, Pfeffer, Muskat und frisch gepreßtem Orangensaft abschmecken. Brot würfeln und in heißem Öl braun braten. Zerdrückten Knoblauch darübergeben. Brotwürfel auf die Suppe streuen (pro Portion ca. 495 Kalorien).

TiP Dicke Bohnen enthalten eine Menge Eiweiß, Ballast- und Mineralstoffe. Im Sommer gibt es die großen Hülsen mit den grünen, braunen oder roten Bohnenkernen frisch zu kaufen.

Gemüsesuppe

▶ Für 4 Portionen

250 g Möhren, 250 g Kartoffeln,
3/4 l Gemüsebrühe, 2 Zucchini,
1 gelbe Paprikaschote,
1 Bund Lauchzwiebeln,
1 große Dose geschälte Tomaten,
Salz, frisch gemahlener Pfeffer,
1 Messerspitze Sambal oelek
(scharfe indonesische Würzpaste),
je 1/2 Bund Petersilie und Schnittlauch.

Möhren und Kartoffeln schälen und in Stücke schneiden. Brühe aufkochen. Möhren und Kartoffeln dazugeben und sechs Minuten kochen. Zucchini, Paprika und Lauchzwiebeln putzen, abspülen und in Stücke schneiden. Zur Suppe geben und weitere fünf Minuten kochen. Tomaten in die Suppe gießen. Nochmals aufkochen und mit Salz, Pfeffer und Sambal oelek würzen. Kräuter abspülen, trockentupfen, hacken und über die Suppe streuen. Heiß und kalt servieren (pro Portion ca. 120 Kalorien). Dazu: kräftiges Bauernbrot oder warmes Knoblauchbrot.

TiP Die Suppe enthält nur wenige Kalorien. Zum Sattwerden geben Sie Dinkelklößchen (Seite 50) hinein oder kochen Vollkornnudeln mit.

Tomatensuppe mit Knoblauch

▶ Für 6 Portionen

*1,5 kg Tomaten, 4 Zwiebeln,
5 Knoblauchzehen, 2 Eßl. Olivenöl,
Salz, frisch gemahlener Pfeffer,
60 g Appenzeller Käse, 1 Eigelb,
4 Eßl. Semmelbrösel, 2 Eiweiß.*

Den Grill auf die höchste Stufe vorheizen oder den Backofen auf 250 Grad/Umluft 220 Grad/Gas Stufe 5 schalten. Tomaten abspülen und vierteln. Zwiebelwürfel und zerdrückten Knoblauch in heißem Öl kurz andünsten. Tomatenviertel dazugeben und bei mittlerer Hitze 15 bis 20 Minuten kochen lassen. Alles durch ein Sieb streichen und den Saft auffangen. Tomatensuppe mit Salz und Pfeffer abschmecken. Zum Überbacken fein geriebenen Käse mit Eigelb und Semmelbröseln verrühren. Eiweiß mit einer Prise Salz steif schlagen und unterheben. Suppe in sechs ofenfeste Suppentassen geben. Käsemasse in Nocken darauf setzen und unter dem heißen Grill oder im Backofen vier bis fünf Minuten goldbraun überbacken (pro Portion ca. 165 Kalorien). Dazu: italienisches Weißbrot.

Radieschensuppe mit Sprossen

▶ Für 4 Portionen

*3 Bund Radieschen mit Grün,
2 Stangen Porree, 1 Zwiebel,
1 Knoblauchzehe, 20 g Butter oder
Margarine, 1 l Gemüsebrühe, Salz,
Muskat, frisch gemahlener Pfeffer,
150 g Crème fraîche, 50 g Radieschensprossen (ersatzweise andere Sprossen).*

Radieschen kalt abspülen. Sechs davon zum Garnieren beiseite legen, die restlichen Radieschen und das Grün der Radieschen fein hacken. Die Porreestangen putzen, waschen und in feine Ringe schneiden. Die Zwiebel und die Knoblauchzehe abziehen, feinhakken und im heißen Fett andünsten. Radieschen und Porree zugeben und mit Gemüsebrühe aufgießen. Im geschlossenen Topf bei kleiner Hitze etwa zehn Minuten dünsten. Die Suppe eventuell mit dem Schneidstab des Handrührers pürieren und durch ein feines Sieb gießen. Mit Salz, Muskat und Pfeffer abschmecken. Die Crème fraîche in die Suppe rühren. Restliche Radieschen in dünne Streifen schneiden. Mit den kalt abgespülten Radieschensprossen in der Suppe erhitzen. Die Suppe in vorgewärmten Tellern servieren (pro Portion ca. 225 Kalorien). Dazu: Weißbrot oder Toast mit Butter.

Kürbis-Apfel-Suppe

▶ Für 6 Portionen

1 kleiner gelber Zierkürbis (500 g Fruchtfleisch; ersatzweise Kürbis aus dem Glas), 3 säuerliche grüne Äpfel, 2 Scheiben Weißbrot, 1 Zwiebel, 1 Messerspitze getrockneter Rosmarin, 1 Messerspitze getrockneter Majoran, 3/4 l Hühnerbrühe (Instant), Salz, frisch gemahlener Pfeffer, 1 Eßl. Crème fraîche, 1 Eßl. gehackte Petersilie.

Kürbis halbieren, schälen, entkernen und würfeln. Die Äpfel schälen, vierteln, Kerngehäuse entfernen und das Fruchtfleisch in Stücke schneiden. Weißbrot grob würfeln. Zwiebel abziehen und würfeln. Kürbis, Äpfel, Zwiebel, Weißbrot, getrocknete Kräuter, Brühe, Salz und Pfeffer in einen Topf geben und etwa 45 Minuten kochen. Suppe im Mixer oder mit dem Schneidstab des Handrührers pürieren und noch einmal aufkochen. Crème fraîche unterrühren, Suppe mit Salz und Pfeffer abschmecken. Mit Petersilie bestreuen (pro Portion ca. 85 Kalorien).

TiP Die Suppe heißt im Original »Butternut Squash and Apple Soup«. In den USA ißt man Kürbis zum Erntedankfest am letzten Donnerstag im November.

Spinatsuppe mit Käse

▶ Für 5 Portionen

2 Pakete TK-Rahmspinat à 300 g, 2 Zwiebeln, 2 Knoblauchzehen, 30 g Butter oder Margarine, 2 Teel. Mehl, 1 l Hühnerbrühe (Instant), je 2 Stiele Zitronenmelisse, Petersilie und Dill (ersatzweise 1/2 Bund Petersilie), Salz, frisch gemahlener Pfeffer, eventuell Zitronensaft, 120 g Blauschimmelkäse.

Spinat in eine Schüssel geben und auftauen lassen. Abgezogene Zwiebel und zerdrückten Knoblauch im heißen Fett andünsten. Mit Mehl bestreuen. Spinat (mit der Flüssigkeit, die sich beim Auftauen gebildet hat) zufügen und unter Rühren bei kleiner Hitze kurz dünsten. Brühe zugießen und fünf Minuten kochen. Kräuter waschen, trockentupfen und fein hacken. Mit Salz und Pfeffer in die Suppe geben. Käse zerbröckeln und unter Rühren in der heißen Suppe auflösen (pro Portion ca. 285 Kalorien). Dazu: Toast oder Weißbrot.

TiP Für die Suppe nimmt man am besten Gorgonzola oder Roquefort. Wer sie gehaltvoller mag, würfelt das Brot und röstet es in zwei Eßlöffeln Olivenöl mit etwas zerdrücktem Knoblauch.

Geröstetes Bauernbrot mit dicker Tomatensoße

▶ Für 8 Portionen; Foto rechts

2 kg Tomaten, 3 Eßl. Öl,
1 rote Chilischote, 3 Knoblauchzehen,
Salz, 1 Eßl. Zucker,
1/2 Bund Schnittlauch, 40 g Rauke;
8 Teel. Olivenöl, 8 Scheiben
Bauernbrot.

Backofen auf 250 Grad/Umluft 220 Grad/ Gas Stufe 5 vorheizen. Abgezogene Tomaten vierteln. Im heißen Öl andünsten. Chilischote halbieren, entkernen, kalt abspülen und in Streifen schneiden. Mit zerdrücktem Knoblauch, Salz und Zucker zu den Tomaten geben. Bei mittlerer Hitze im offenen Topf 30 bis 40 Minuten dick einkochen lassen. Schnittlauchröllchen und in Streifen geschnittene Rauke zufügen. Brotscheiben auf ein Backblech legen und im heißen Backofen fünf Minuten rösten. Mit Olivenöl beträufeln und mit Tomatensoße bestreichen (pro Portion ca. 220 Kalorien).

TiP Die Soße ist sehr wandlungsfähig: Läßt man die Kräuter weg, kann man sie gut als Pizza-Grundbelag oder als Tomatencreme für Lasagne oder Nudelauflauf nehmen.

Marinierte Avocados mit Kapern

▶ Für 4 Portionen

150 g Cocktailtomaten, 1 Bund
Lauchzwiebeln, 2 Bund Schnittlauch,
4 Eßl. Weißweinessig, 5 Eßl. Öl,
1 Eßl. Walnußöl (ersatzweise
anderes Öl), 3 Teel. kleine Kapern,
Salz, frisch gemahlener Pfeffer,
1 Prise Zucker, 2 reife Avocados.

Cocktailtomaten abspülen, trockentupfen und halbieren. Lauchzwiebeln putzen, waschen und in Ringe schneiden. Schnittlauch in Röllchen schneiden. Für die Soße Essig und beide Ölsorten mit einem Schneebesen verquirlen. Tomaten, Lauchzwiebelringe, die Hälfte des Schnittlauchs und die Kapern unterrühren, mit Salz, Pfeffer und Zucker abschmecken. Die erste Avocado längs halbieren, Kern herauslösen und die Avocadohälften schälen. Jede Hälfte mit der Höhlung nach unten auf ein Brett legen und der Länge nach in dünne Scheiben schneiden. Avocadoscheiben auf flachen Tellern fächerförmig anrichten. Soße sofort darüber verteilen. Die zweite Avocado ebenso aufschneiden und anrichten. Beide Avocados mit dem restlichen Schnittlauch bestreuen (pro Portion ca. 455 Kalorien). Dazu: Roggenbrot oder Baguette.

Gefüllte Hefetaschen

▶ Für 8 Stück

75 g braune Linsen; Teig: 250 g Mehl,
1/2 Päckchen Trockenhefe,
1/2 Eßl. Zucker, 1/2 Teel. Salz,
1 Teel. getrockneter Oregano, 1 Eigelb,
3 Eßl. Olivenöl, etwa 1/8 l Milch;
Füllung: 100 g Crème fraîche,
100 g Schafkäse, 1 Eßl. Tomatenmark,
2 Knoblauchzehen, 1 Teel. getrockneter
Thymian; Mehl zum Ausrollen,
1 Eigelb, Fett für das Blech.

Linsen in gut einem Viertelliter Wasser über Nacht einweichen. Mit der Einweichflüssigkeit zum Kochen bringen und im geschlossenen Topf bei kleiner Hitze 10 bis 20 Minuten kochen. Die Linsen sollen sehr weich sein, aber nicht zerfallen. Für den Teig Mehl, Trockenhefe, Zucker, Salz und Oregano in einer Schüssel mischen. Eigelb, Öl und lauwarme Milch zugeben und alles mit den Knethaken des Handrührers zu einem geschmeidigen Teig verkneten. Zugedeckt an einem warmen Ort gehen lassen, bis sich der Teig etwa verdoppelt hat. Inzwischen für die Füllung abgetropfte Linsen, Crème fraîche, fein zerbröckelten Käse, Tomatenmark, zerdrückten Knoblauch und Thymian mischen. Den Hefeteig noch einmal kräftig durchkneten und auf wenig Mehl knapp fünf Millimeter dick ausrollen. In acht Quadrate (etwa zehn Zentimeter) schneiden. Teigstück mit je etwa einem gehäuften Eßlöffel Füllung belegen. Eigelb mit einem Eßlöffel Wasser verrühren, Teigränder damit bestreichen. Teigstücke zusammenklappen, Ränder fest andrücken. Teigtaschen mit dem restlichen Eigelb bestreichen und auf gefettete Backbleche legen. Weitere 20 Minuten gehen lassen. Im Backofen bei 200 Grad/ Umluft 180 Grad/Gas Stufe 3 etwa 30 Minuten backen. Warm servieren (pro Stück ca. 280 Kalorien). Dazu: gemischter Salat mit Kräutern.

Radieschenquark

▶ Für 6 Portionen

250 g Speisequark (10%),
150 g Crème fraîche, 1 kleine Zwiebel,
Salz, 1 Messerspitze gemahlener
Kümmel, grober Pfeffer,
1 Bund Radieschen.

Den Quark mit Crème fraîche verrühren, mit der geriebenen Zwiebel, Salz, Kümmel und Pfeffer würzen. Alle Radieschen bis auf drei fein hacken und unter den Quark rühren; diese drei Radieschen in Scheiben schneiden und vor dem Servieren über den Quark streuen (pro Portion ca. 125 Kalorien). Dazu: Bauernbrot und eventuell Schnittlauchröllchen.

Gemüse-Hamburger mit Schafskäse

▸ Für 4 Portionen

Crêpes: 1 großer Kohlrabi,
300 g Möhren, 2 Eier, 4 Eßl. Haferkleie,
1 Teel. getrockneter Thymian, Salz,
Muskat, frisch gemahlener Pfeffer,
6 Eßl. Sonnenblumenöl;
200 g Speisequark (20%),
50 g Schafkäse, 1–2 Teel. Zitronensaft,
einige Salatblätter (z. B. Lollo Bianco,
Endivien- oder Friséesalat),
3 Tomaten, 1/2 Kästchen Kresse.

Kohlrabi und Möhren schälen und auf der Rohkostreibe fein raffeln. Mit Eiern und Haferkleie verrühren, mit Thymian, Salz, Muskat und Pfeffer abschmecken. In heißem Öl in einer großen Pfanne bei mittlerer Hitze nacheinander zwölf kleine Crêpes backen; das dauert pro Seite drei bis vier Minuten. Crêpes warm stellen. Quark und zerbröckelten Schafkäse verrühren. Mit Zitronensaft und Salz abschmecken. Den Salat in Streifen, die Tomaten in Scheiben schneiden. Pro Portion drei Crêpes mit Salat, Tomaten und Quark zu einem »Hamburger« aufschichten. Mit Kresseblättchen bestreuen (pro Portion ca. 335 Kalorien).

Geschmorte Champignons

▸ Für 6 Portionen

1 kg Champignons, 100 g Schalotten
oder kleine Zwiebeln, 30 g Butter
oder Margarine, 2 Knoblauchzehen,
Salz, frisch gemahlener Pfeffer,
1 Bund Petersilie.

Champignons putzen, waschen und mit einem Küchentuch vorsichtig trockenreiben. Pilze in Scheiben schneiden. Schalotten abziehen und der Länge nach halbieren oder vierteln. Pilze in einer großen Pfanne in heißem Fett etwa fünf Minuten kräftig rösten. Schalotten und zerdrückten Knoblauch zugeben und noch etwa drei Minuten bei mittlerer Hitze weitergaren. Champignons mit Salz und Pfeffer abschmecken, mit gehackter Petersilie bestreuen (pro Portion ca. 140 Kalorien). Dazu: Baguette oder Reis.

TiP Zuchtpilze wie weiße und braune Champignons – auch Austernpilze und Shiitake – sind unbelastet von Schadstoffen. Beim Kauf auf Frische achten: Die Pilze müssen geschlossene, glatte Hüte haben. Dann braucht man zum Putzen nur den Wurzelansatz knapp wegzuschneiden.

Gefüllte Crêpes

▶ Für 4 Portionen; Foto rechts

Teig: 100 g Mehl, 50 g Speisestärke,
4 Eier, 2 Eßl. Öl, Salz;
Füllung: 300 g Ricottakäse
(italienischer Frischkäse; ersatzweise
abgetropfter Speisequark),
30 g Mandeln, je 1 Bund Petersilie und
Basilikum, je 30 g Pecorino- und
Parmesankäse, 6 Eßl. Schlagsahne,
frisch gemahlener Pfeffer,
4–6 Eßl. Öl zum Braten;
zum Backen: 1 Ei, 1/8 l Milch,
30 g Parmesankäse.

Mehl, Speisestärke, Eier, Öl, Salz und fünf Eßlöffel Wasser verrühren. Teig zugedeckt bei Zimmertemperatur 30 Minuten ruhenlassen. Inzwischen für die Füllung Ricotta, gehackte Mandeln, gehackte Kräuter, geriebenen Pecorino- und Parmesankäse und Sahne verrühren. Die Creme mit Pfeffer abschmecken. Aus dem Teig in heißem Öl sechs bis acht dünne Crêpes backen: Jeweils eine kleine Schöpfkelle Teig in die Pfanne geben und von jeder Seite etwa zwei Minuten bei mittlerer Hitze backen. Crêpes nebeneinander auf Küchenkrepp legen. Mit der Ricottacreme bestreichen, aufrollen und in etwa vier Zentimeter lange Stücke schneiden. Mit der Schnittfläche nach oben dicht nebeneinander in eine ofenfeste Form legen. Ei, Sahne und geriebenen Parmesankäse verrühren und über die Crêpes gießen. Crêpes in den Backofen schieben und bei 200 Grad/Umluft 180 Grad/Gas Stufe 3 in etwa 25 Minuten hellbraun überbacken (pro Portion ca. 725 Kalorien). Dazu: grüner Salat.

Käseauflauf mit Paprika

▶ Für 8 Portionen

2 Eier, 200 g saure Sahne,
200 g Emmentaler Käse,
150 g Greyerzer Käse,
frisch gemahlener Pfeffer, Muskat,
je 1/2 rote und grüne Paprikaschote,
Fett für die Formen.

Eier und saure Sahne verquirlen. Geriebenen Käse unterrühren. Mit wenig Pfeffer und Muskat würzen. Paprika putzen, in feine Streifen schneiden und in sprudelndem Salzwasser eine Minute kochen. Unter kaltem Wasser abspülen und abtropfen lassen. Käsemasse und Paprikastreifen in kleine, gefettete ofenfeste Förmchen (oder Tassen) geben. In den Backofen schieben, auf 200 Grad/Umluft 180 Grad/Gas Stufe 3 schalten und etwa 25 Minuten backen. Sofort servieren (pro Portion ca. 245 Kalorien). Dazu: Baguette und grüner Salat.

Überbackene Kartoffelpuffer mit Gemüse

- Für 3 Portionen

*1 Paket TK-Kartoffelpuffer (300 g),
300 g Spinat, 400 g Möhren,
400 g Kohlrabi, 2 Eßl. Öl,
Fett für die Form, Salz,
200 g körniger Frischkäse,
1 Bund Petersilie, 1 Bund Schnittlauch,
2 Eier, frisch gemahlener Pfeffer,
1 Prise gemahlene Nelken.*

Kartoffelpuffer auftauen lassen. Spinat verlesen und gründlich waschen. In einen Topf geben und bei großer Hitze zusammenfallen lassen. Möhren und Kohlrabi schälen und in Scheiben schneiden. In heißem Öl etwa zehn Minuten dünsten. Spinat in eine gefettete ofenfeste Form geben. Kartoffelpuffer, Möhren und Kohlrabi darauf verteilen. Salzen. Frischkäse mit gehackten Kräutern und Eiern verrühren. Mit Salz, Pfeffer und Nelken abschmecken und über das Gemüse geben. Form verschließen und in den Backofen schieben. Ofen auf 200 Grad/Umluft 180 Grad/Gas Stufe 3 schalten und die Kartoffelpuffer 35 Minuten backen (pro Portion ca. 490 Kalorien). Dazu: Weißbrot und gemischter Salat mit Kräutern.

Gefüllte Gurken mit Linsen

- Für 3 Portionen

*250 g Möhren, 3 Zwiebeln,
2 Eßl. Öl, 1/2 l Brühe (Instant),
1 kleine Dose Linsen mit Suppengrün,
1 Bund Petersilie, Salz, frisch
gemahlener Pfeffer, 1/2 Eßl. Essig,
3 Schmorgurken à 500 g, 75 g Käse,
100 g Schlagsahne, 1 Eßl. Soßenbinder.*

Möhren schälen, der Länge nach halbieren und in Scheiben schneiden. Zwiebeln abziehen, würfeln und im heißen Öl glasig dünsten. Möhren und eine halbe Tasse Brühe zugeben, im geschlossenen Topf zehn Minuten garen. Abgetropfte Linsen und gehackte Petersilie untermischen. Mit Salz, Pfeffer und Essig abschmecken. Gurken waschen und der Länge nach halbieren. Kerne mit einem Löffel herauslösen. Gurken salzen, mit den Linsen füllen und in eine ofenfeste Form setzen. Restliche Brühe bis auf drei Eßlöffel zugießen. In den Backofen schieben, auf 200 Grad/Umluft 180 Grad/Gas Stufe 3 schalten und die Gurken etwa 40 Minuten garen. Mit geriebenem Käse bestreuen und etwa fünf Minuten überbacken. Rest der Brühe mit Sahne aufkochen. Soßenbinder einrühren. Salzen und pfeffern. Soße zu den Gurken servieren (pro Portion ca. 560 Kalorien).

Überbackene Wirsingrouladen

▶ Für 4 Portionen

1 kleiner Wirsing, Salz, 1 große Sellerieknolle, 2 Eier, Cayennepfeffer, 1 Teel. Aceto balsamico (Balsamessig; ersatzweise Weißweinessig), Fett für die Form, 1 Eßl. Mehl, 20 g Butter oder Margarine, Muskat, frisch gemahlener Pfeffer, 100 g Emmentaler Käse.

Sechs äußere Blätter vom Wirsing einzeln ablösen. Den Strunk keilförmig herausschneiden. Blätter abspülen und in sprudelndem Salzwasser zwei Minuten kochen. Herausnehmen und trockentupfen. Sellerie und restlichen Wirsing (etwa 600 Gramm) in kleine Stücke schneiden und zehn Minuten im Wirsingwasser kochen. Gemüse auf ein Sieb geben, dabei das Kochwasser auffangen. Gemüse im Mixer oder mit dem Schneidstab des Handrührers fein pürieren. Gemüsepüree mit einem Eigelb verrühren und mit Salz, Cayennepfeffer und Weinessig würzen. Beide Eiweiß steif schlagen und unterheben. Gemüsepüree auf die Wirsingblätter streichen und zu Rouladen aufrollen. Für die Soße Mehl im heißen Fett andünsten. Einen halben Liter Gemüsewasser unter Rühren dazugeben und fünf Minuten kochen lassen. Soße mit Salz, Pfeffer und Muskat abschmecken. Geriebenen Käse und restliches Eigelb unterrühren. Wirsingrouladen in vier Zentimeter dicke Scheiben schneiden und mit der Soße in eine flache, gefettete ofenfeste Form geben. Im Backofen bei 225 Grad/Umluft 200 Grad/Gas Stufe 4 etwa 30 Minuten backen (pro Portion ca. 270 Kalorien).

Quark-Linsen-Auflauf

▶ Für 5 Portionen

600 g Möhren, 1 große Dose Linsen mit Suppengrün, 500 g Quark (20%), 100 g Emmentaler Käse, 1 Zwiebel, 2 Knoblauchzehen, 1 Bund Petersilie, 1 Ei, Salz, frisch gemahlener Pfeffer, Rosenpaprika.

Die Möhren waschen, schälen und in Scheiben schneiden. In eine ofenfeste Form geben. Das Linsengemüse darüber verteilen. Den Quark mit geriebenem Käse, gewürfelter Zwiebel, zerdrücktem Knoblauch, gehackter Petersilie und Ei verrühren. Mit Salz, Pfeffer und Paprika würzen und auf die Linsen geben. Auflauf in den Backofen schieben und bei 200 Grad/Umluft 180 Grad/Gas Stufe 3 etwa 40 Minuten backen (pro Portion ca. 830 Kalorien). Dazu: grüner Salat und eventuell Pellkartoffeln.

Chinakohl mit Grünkernkruste

▶ Für 4 Portionen; Foto rechts

125 g Schlagsahne, 100 g Grünkern (grob geschrotet), 1 großer Chinakohl, Fett für die Form; 1 Knoblauchzehe, 80 g Goudakäse, 1 Bund Petersilie, Salz, frisch gemahlener Pfeffer, 1/8 l Gemüsebrühe.

Sahne erhitzen, Grünkern zugeben, einmal aufkochen und anschließend etwa 30 Minuten nachquellen lassen. Chinakohl halbieren, abspülen und den Strunk herausschneiden. Kohlhälften in Wasser etwa zwei Minuten kochen. Gut abtropfen lassen und mit der Schnittfläche nach unten in eine gefettete ofenfeste Form legen. Grünkern mit zerdrücktem Knoblauch, geriebenem Käse und grob gehackter Petersilie vermischen. Mit Salz und Pfeffer würzen. Grünkernmasse auf den Kohl geben. Brühe zugießen und die Form in den Backofen schieben. Ofen auf 220 Grad/Umluft 190 Grad/Gas Stufe 4 schalten und den Chinakohl 20 bis 30 Minuten überbacken (pro Portion ca. 260 Kalorien). Dazu: Tomatensalat.

TIP Grünkern bekommen Sie in Reformhäusern und Naturkostläden.

Überbackener Fenchel

▶ Für 4 Portionen

300 ccm Milch, Salz, frisch gemahlener Pfeffer, Muskat, 80 g grober Polentagrieß, 2 Fenchelknollen, 1 Zwiebel, 1/2 l Gemüsebrühe, 1 Zucchino, 1 Dose Gemüsemais (Einwaage 285 g), 30 g Butter oder Margarine, 200 g Schlagsahne, 50 g Greyerzer Käse; Fett für die Form.

Milch, Salz, Pfeffer und Muskatnuß aufkochen und Polentagrieß einrühren. Im geschlossenen Topf etwa 25 Minuten quellen lassen. Fenchelknollen der Länge nach in gut fingerdicke Scheiben schneiden. Strunk keilförmig herausschneiden. Gemüsebrühe mit abgezogener, halbierter Zwiebel aufkochen. Fenchel darin etwa fünf Minuten garen. Abgetropft in eine ofenfeste Form legen. Backofen auf 250 Grad/Umluft 220 Grad/Gas Stufe 5 vorheizen. Zucchini putzen und würfeln. Mit dem abgetropften Mais im heißen Fett andünsten und zur Polenta geben. Steif geschlagene Sahne und geriebenen Käse verrühren. Zwei Drittel der Käsesahne unter die Polenta rühren und auf dem Fenchel verteilen. Restliche Käsesahne darübergeben. Im Backofen etwa 15 Minuten überbacken (pro Portion ca. 505 Kalorien). Dazu: Pellkartoffeln oder Fladenbrot und gemischten Salat.

Tomatengratin mit Zucchini

▶ Für 2 Portionen

500 g Tomaten, 500 g Zucchini,
1 Bund Majoran, 4 Eßl. Öl, Salz,
frisch gemahlener Pfeffer,
je 1 Eßl. geriebener Käse und
Semmelbrösel, 1 Knoblauchzehe.

Backofen auf 250 Grad/Umluft 220 Grad/Gas Stufe 5 vorheizen. Die Tomaten mit kochendem Wasser übergießen, abziehen, halbieren und entkernen. Zucchini waschen, putzen und in Streifen schneiden. Majoran abspülen, trockentupfen und die Blätter abzupfen. Tomaten mit der Schnittfläche nach unten in zwei Eßlöffel heißem Öl kurz andünsten. Herausnehmen und nebeneinander in eine flache ofenfeste Form legen. Zucchini und die Hälfte des Majorans im Bratfett andünsten. Zu den Tomaten geben. Mit Salz, Pfeffer und restlichem Majoran bestreuen. Käse mit Semmelbröseln und zerdrücktem Knoblauch mischen und auf dem Gemüse verteilen. Mit dem restlichen Öl beträufeln. Im heißen Backofen etwa 15 Minuten überbacken. Warm oder kalt servieren (pro Portion ca. 380 Kalorien). Dazu: Brot oder Kartoffeln.

Überbackene Kohlrabi mit Käsesoße

▶ Für 4 Portionen

4 Kohlrabi (etwa 800 g),
250 g festkochende Kartoffeln,
50 g Mandelblättchen,
Fett für die Form; 1 Päckchen Helle
Soße, 1 Ecke Sahneschmelzkäse (62,5 g),
100 g Schlagsahne, 1 Bund Dill,
Salz, frisch gemahlener Pfeffer,
eventuell Zitronensaft.

Kohlrabi und Kartoffeln schälen und in Scheiben schneiden. In Wasser acht Minuten kochen. Auf einem Sieb abtropfen lassen. Gemüsewasser dabei auffangen. Mandeln ohne Fett in einer Pfanne hellbraun rösten. Zusammen mit den Kohlrabi- und Kartoffelscheiben in eine gefettete ofenfeste Form füllen. Backofen auf 250 Grad/Umluft 200 Grad/Gas Stufe 5 vorheizen. Vom Gemüsewasser einen Viertelliter abmessen. Soßenpulver einrühren und aufkochen. Käse und Sahne zufügen. Dill waschen und die Blättchen abzupfen. Unter die Soße rühren. Soße mit Salz, Pfeffer und eventuell Zitronensaft abschmecken und über das Gemüse gießen. Gemüse in den heißen Backofen schieben und zwölf Minuten überbacken (pro Portion ca. 345 Kalorien). Dazu: grüner Salat mit Radieschen.

Tofu-Gratin

▶ Für 3 Portionen

2 Eßl. Mandelmus (Reformhaus),
1 Teel. getrockneter Thymian,
1 unbehandelte Zitrone,
einige Spritzer Tabasco, 300 g Tofu,
1 Bund Lauchzwiebeln,
je 1 Bund Basilikum und Petersilie,
2 Knoblauchzehen, 50 g Mandeln,
1/8 l Olivenöl, 75 g Parmesankäse,
Salz, frisch gemahlener Pfeffer,
500 g reife Tomaten; Fett für die Form.

Mandelmus, Thymian, abgeriebene Zitronenschale, Zitronensaft und Tabasco verrühren. Tofu in etwa eineinhalb Zentimeter dicke Scheiben schneiden. Tofuscheiben mit der Mandelcreme bestreichen. Zugedeckt eine Stunde stehenlassen. Lauchzwiebeln putzen, waschen und fein hacken. Mit gehackten Kräutern, zerdrücktem Knoblauch und gemahlenen Mandeln mischen. Öl teelöffelweise dazugeben. Geriebenen Parmesankäse untermischen und würzen. Tomaten abspülen und in dünne Scheiben schneiden. Jede Tofuscheibe an der Längsseite so einschneiden, daß eine Tasche entsteht. Jeweils einen Teelöffel Kräuterpaste in die Tofutaschen geben. Tofutaschen und Tomatenscheiben dachziegelartig in eine gefettete ofenfeste Form schichten. Mit der restlichen Kräuterpaste bestreichen. Gratin in den Backofen schieben und bei 220 Grad/Umluft 200 Grad/Gas Stufe 4 etwa 30 Minuten backen, bis die Oberfläche leicht gebräunt ist (pro Portion ca. 760 Kalorien). Dazu: Roggenbrot und Gurkensalat.

Bohnenauflauf

▶ Für 2 Portionen

Je 1 Paket TK-Dicke Bohnen und
TK-Grüne Bohnen (à 300 g), Salz,
200 g Cocktailtomaten,
Fett für die Form, 1/4 l Milch,
3 Eier, frisch gemahlener Pfeffer,
Muskat, 1 Paket TK-Kräutermischung.

Dicke Bohnen und grüne Bohnen in einem Viertelliter Wasser mit etwas Salz zehn Minuten kochen. Abgießen (Brühe für eine Suppe auffangen). Abgetropfte Bohnenmischung mit den halbierten Cocktailtomaten in eine gefettete Auflaufform schichten. Milch mit den Eiern verquirlen. Mit Pfeffer, Salz und Muskat würzen, die Kräuter untermischen und die Eiermilch über das Gemüse gießen. Im Backofen bei 200 Grad/Umluft 180 Grad/Gas Stufe 3 etwa 30 Minuten backen (pro Portion ca. 420 Kalorien). Dazu: Pellkartoffeln oder Brot.

Lasagne mit Spinat

▸ Für 6 Portionen

1 kg Spinat, 500 g Ricottakäse (ersatzweise Doppelrahmfrischkäse), 50 g Pecorinokäse (ersatzweise Goudakäse), 80 g Parmesankäse, 2 Knoblauchzehen, 4 Eßl. Olivenöl, 1 Bund Basilikum, Salz, frisch gemahlener Pfeffer, Muskat, 250 g Lasagneblätter, Fett für die Form, 20 g Butter oder Margarine.

Spinat verlesen, putzen und gründlich waschen. Tropfnaß in einen Topf geben und bei großer Hitze zusammenfallen lassen. Auf einem Sieb abtropfen lassen und mit den Händen ausdrücken. Spinat hacken. Grob geraffelten Ricotta, geriebenen Pecorino- und Parmesankäse (drei Eßlöffel Parmesankäse zum Bestreuen abnehmen), zerdrückten Knoblauch, Spinat, Olivenöl und gehacktes Basilikum verrühren. Mit Salz, Pfeffer und Muskat abschmecken. Lasagneblätter portionsweise in reichlich Salzwasser acht Minuten kochen. Eine große, gefettete ofenfeste Form mit einer Lage Teigblätter auslegen. Abwechselnd Spinat und Nudelplatten einschichten. Mit Nudeln abschließen. Die Oberfläche mit flüssigem Fett bestreichen und mit dem restlichen Parmesankäse bestreuen. Lasagne mit Pergamentpapier abdecken und in den Backofen schieben. Bei 200 Grad/Umluft 180 Grad/Gas Stufe 3 etwa 30 Minuten backen. Papier entfernen, Lasagne weitere 15 Minuten backen (pro Portion ca. 635 Kalorien).

Nudelauflauf mit Knoblauchjoghurt

▸ Für 4 Portionen; Foto rechts

Auflauf: 250 g Bandnudeln, Salz, 2 mittelgroße Zucchini; Fett für die Form; 5 Eier, 1/8 l Milch, frisch gemahlener Pfeffer, Muskat, 40 g Butter oder Margarine; Knoblauchjoghurt: 500 g Joghurt, 1 Knoblauchzehe.

Nudeln in Salzwasser bißfest kochen. Zucchini mit dem Sparschäler in bandnudelbreite Streifen schneiden. Abgetropfte Nudeln und Zucchinistreifen mischen und in eine gefettete ofenfeste Form geben. Eier und Milch verrühren. Mit Salz, Pfeffer und Muskat kräftig würzen und über die Nudeln gießen. Fettflöckchen darauf setzen. Auflauf in den Backofen schieben und bei 225 Grad/Umluft 200 Grad/Gas Stufe 4 etwa 35 Minuten überbacken. Joghurt cremig schlagen. Mit Salz, Pfeffer und zerdrücktem Knoblauch kräftig abschmecken. Zum Auflauf servieren (pro Portion ca. 500 Kalorien).

Frühlingsquiche

▶ Für 12 Stücke

Teig: 250 g Weizen, Salz, 1 Ei,
125 g Butter, Mehl zum Ausrollen,
Fett für die Form; Füllung: 1 Bund
kleine Möhren, 1 Bund Lauchzwiebeln,
125 g Schlagsahne, 150 g Crème
fraîche, 2 Eier, 150 g Emmentaler Käse,
1/2 Kopf grüner Salat,
frisch gemahlener Pfeffer, Muskat.

Für den Teig gemahlenen Weizen mit Salz, Ei und weicher Butter zuerst mit den Knethaken des Handrührers, dann mit den Händen zu einem glatten Teig verkneten. In Folie gewickelt 30 Minuten kalt stellen. Möhren putzen und in sprudelndem Wasser fünf Minuten kochen. Die geputzten Lauchzwiebeln längs halbieren und zwei Minuten mitkochen. Gemüse kalt abspülen und abtropfen lassen. Sahne mit Crème fraîche, Eiern, geriebenem Käse und feingehacktem Salat verrühren. Mit Salz, Pfeffer und Muskat abschmecken. Eine gefettete Springform (Durchmesser 26 Zentimeter) mit dem Teig auslegen. Die Käsesahne auf den Teig gießen und das vorgegarte Gemüse darauf legen. Quiche in den Backofen schieben, Ofen auf 225 Grad/Umluft 200 Grad/Gas Stufe 4 schalten und die Quiche 40 bis 45 Minuten backen (pro Stück ca. 325 Kalorien). Dazu: gemischter Salat.

Backofenkartoffeln

▶ Für 4 Portionen, Foto Umschlag vorne, Innenseite

8 große mehlig kochende Kartoffeln,
50 g Haselnußkerne,
60 g Butter oder Margarine,
125 g Schlagsahne, Salz,
frisch gemahlener Pfeffer,
je 1 Bund Schnittlauch und Petersilie,
1/2 Paket TK-Erbsen (150 g).

Kartoffeln unter fließendem, kaltem Wasser gründlich bürsten. Auf ein Backblech legen, in den Backofen schieben und bei 200 Grad/ Umluft 180 Grad/Gas Stufe 3 etwa eine Stunde backen, bis sie weich sind. Nüsse in der Mandelmühle hobeln oder mit einem Messer grob hacken. Unter Wenden in einer Pfanne ohne Fett goldbraun rösten. Von den Kartoffeln einen Deckel abschneiden. Kartoffelfleisch mit einem Löffel herausholen und in eine Schüssel geben. Fett und Sahne zugeben, alles mit einer Gabel zerdrücken und mit Salz und Pfeffer kräftig würzen. Gehackte Kräuter, rohe Erbsen und geröstete Nüsse unterrühren. Die Kartoffeln mit dem Püree füllen, wieder auf das Backblech legen und im heißen Backofen bei 200 Grad/Umluft 180 Grad/Gas Stufe 3 noch etwa zehn Minuten überbacken (pro Portion ca. 580 Kalorien). Dazu: Tomatensalat mit Basilikum oder Schnittlauch.

Buchweizengratin mit Lauchzwiebeln

▶ Für 6 Portionen

250 g Buchweizenkörner,
60 g Butter oder Margarine,
900 ccm Gemüsebrühe (Instant),
1 gestrichener Teel. Kurkuma (Gelbwurz), je 1/2 Teel. Thymian und Rosmarin, 6 Fleischtomaten (900 g),
1 Bund Lauchzwiebeln,
50 g Edamer Käse,
100 g Doppelrahmfrischkäse.

Buchweizen in der Hälfte des Fetts in einem Topf unter Rühren anrösten. Heiße Brühe, Kurkuma, Thymian und Rosmarin zufügen. Zugedeckt bei kleiner Hitze 15 Minuten kochen und zehn Minuten quellen lassen. Tomaten abziehen und in eine ofenfeste Form setzen. Lauchzwiebelringe, Buchweizen und geriebenen Käse mischen und um die Tomaten verteilen. Mit zerbröckeltem Frischkäse bestreuen. Im Backofen bei 200 Grad/Umluft 180 Grad/Gas Stufe 3 etwa 30 Minuten backen (pro Portion ca. 310 Kalorien).

TiP Lauchzwiebeln sind gesund, denn sie regen die Magen- und Darmfunktion an. Das liegt an den ätherischen Ölen, die ihnen auch die Schärfe geben.

Gebackene Bohnen mit Brotkruste

▶ Für 4 Portionen

4 Zwiebeln, 3 Eßl. Öl,
1 kleine Dose weiße Bohnen,
1 Dose Tomatenmark (70 g),
1/2 Teel. getrockneter Majoran,
Salz, einige Spritzer Tabasco,
6 Scheiben Weißbrot,
1 Knoblauchzehe,
1 Ecke Kräuterschmelzkäse (62,5 g),
150 g Joghurt (10%),
2 Eßl. gehackte Petersilie.

Zwiebelringe in zwei Eßlöffel heißem Öl glasig dünsten. Abgetropfte Bohnen, Tomatenmark und Majoran zugeben. Zugedeckt fünf Minuten dünsten. Mit Salz und Tabasco würzen. Brotscheiben von beiden Seiten rösten. Zerdrückten Knoblauch mit dem restlichen Öl verrühren. Brote damit bestreichen und halbieren. Bohnen und Brot in eine ofenfeste Form schichten. Schmelzkäse und Joghurt verrühren, mit Salz und Tabasco würzen. Auf den Bohnen verteilen. Bei 225 Grad/Umluft 200 Grad/ Gas Stufe 4 etwa 20 Minuten backen. Mit Petersilie bestreuen (pro Portion ca. 590 Kalorien). Dazu: Tomaten- oder Gurkensalat.

Gemüseplatte mit Sauce hollandaise

▶ Für 6 Portionen; Foto rechts

200 g Zuckerschoten, 200 g grüne Bohnen, 2 Bund Möhren,
4 dünne Stangen Porree, 1 kleiner Blumenkohl, 1 l Gemüsebrühe;
2 Packungen Sauce hollandaise à 150 g, 150 g Crème fraîche, 1 Kästchen Kresse, eine unbehandelte Zitrone;
6 hartgekochte Eier, 1 Eßl. Sesamsaat, 1/2 Bund Petersilie, 100 g Butter, 1 Eßl. körniger Senf.

Das Gemüse putzen und waschen. Möhren und Porreestangen in Stücke schneiden. Blumenkohl vierteln. Gemüse nacheinander in der kochenden Brühe garen: Zuckerschoten fünf, Bohnen, Möhren und Porree jeweils zehn, Blumenkohl 15 Minuten kochen. Abtropfen lassen und im Backofen warm halten. Sauce hollandaise nach Packungsanweisung zubereiten. Crème fraîche und Kresseblättchen unterrühren, die Soße mit etwas Zitronenschale abschmecken. Eier schälen und halbieren. Sesam in einer Pfanne ohne Fettzugabe rösten. Petersilie hacken. Butter zerlassen. Gemüse und Eier auf einer großen Platte anrichten. Zwei Eßlöffel Butter und Senf verrühren und über den Blumenkohl gießen. Petersilie über die Bohnen, Sesam über den Porree geben. Gemüse mit restlicher heißer Butter beträufeln und die Sauce hollandaise dazu servieren (pro Portion ca. 525 Kalorien). Dazu: Pellkartoffeln, gebackene Kartoffeln oder Weißbrot.

Bauernomelett mit Schafskäse

▶ Für 4 Portionen

1 kg gekochte Kartoffeln, 1 Bund Lauchzwiebeln, je 1 Bund Schnittlauch und Petersilie, 30 g Butterschmalz oder Margarine, 150 g Schafskäse, 8 Eier, 1/8 l Milch, Salz, Cayennepfeffer.

Geschälte Kartoffeln würfeln. Lauchzwiebeln in Stücke schneiden. Kräuter waschen und hacken. Fett in einer großen Pfanne erhitzen. Kartoffeln darin braun braten. Zerbröckelten Schafskäse und Lauchzwiebeln untermischen. Eier mit Milch und Kräutern verrühren, dabei einen Eßlöffel Kräuter zum Bestreuen zurückbehalten. Kartoffeln mit Salz und Cayennepfeffer würzen. Eiermilch zufügen. Bei mittlerer Hitze weiterbraten, bis die Eiermasse gestockt ist. Das Omelett auf einen Teller stürzen. Wieder zurück in die Pfanne gleiten lassen und noch drei Minuten braten. Mit den restlichen Kräutern bestreuen (pro Portion ca. 510 Kalorien).

Fritierter Blumenkohl mit Brokkoli-Tomaten-Dip

▸ Für 4 Portionen

Teig: 125 g Mehl, Salz, 2 Eier, 1/8 l Bier (ersatzweise Milch); 1 kleiner Blumenkohl, 500 g Brokkoli; Tomaten-Dip: 2 Tomaten, 1/2 Bund Schnittlauch, 150 g Crème fraîche, 200 g Quark (20 %), 5 Eßl. Schlagsahne, grober Pfeffer; Fett zum Fritieren.

Für den Ausbackteig Mehl, eine Prise Salz, Eier und Bier verrühren. Etwa 20 Minuten quellen lassen. Inzwischen Blumenkohl und Brokkoli putzen, abspülen und in Röschen schneiden. Blumenkohl in Salzwasser sechs Minuten, Brokkoli vier Minuten kochen. Gemüse abtropfen lassen. Für den Tomaten-Dip die Tomaten mit kochendem Wasser übergießen, kurz ziehen lassen, häuten und würfeln. Den Schnittlauch abspülen und in Röllchen schneiden. Crème fraîche, Quark, Sahne, Tomatenwürfel und Schnittlauch verrühren und mit Salz und Pfeffer würzen. Fritierfett erhitzen. Die Brokkoli- und Blumenkohlröschen portionsweise mit einer Gabel in den Teig tauchen und im heißen Fett goldbraun backen. Auf Küchenpapier abtropfen lassen. Heiß mit dem Tomaten-Dip servieren (pro Portion ca. 545 Kalorien).

TiP Brokkoli sollte saftig dunkelgrün sein. Hat er aufgeblühte oder gelbe Röschen, ist er nicht mehr frisch und riecht muffig. Dann lieber TK-Brokkoli nehmen und zum Fritieren nur auftauen, aber nicht vorgaren.

Kartoffeln mit Mais

▸ Für 3 Portionen

750 g Kartoffeln, 1 Zwiebel, 2 Eßl. Öl, 250 g Champignons, 1 Mozzarellakäse (125 g), 1 Dose Gemüsemais (Einwaage 285 g), Salz, frisch gemahlener Pfeffer, 1 Bund Petersilie.

Kartoffeln schälen und in Stifte schneiden. Zwiebel abziehen und würfeln. Kartoffeln und Zwiebel in heißem Öl bei mittlerer Hitze zehn Minuten braten. Champignons putzen, waschen und halbieren. Zu den Kartoffeln geben und noch fünf Minuten weiterbraten. Mozzarella in Stücke schneiden. Mais abtropfen lassen. Beides zu den Kartoffeln geben und mit Salz und Pfeffer würzen. In der geschlossenen Pfanne bei kleiner Hitze fünf Minuten garen, bis der Käse leicht geschmolzen ist. Mit gehackter Petersilie bestreuen (pro Portion ca. 510 Kalorien). Dazu: Tomatensalat.

Mangoldpäckchen

▶ Für 4 Portionen; Foto Umschlag vorne

150 g Hirse, 1/2 l Gemüsebrühe,
50 g schwarze Oliven (ohne Stein),
1 Bund Dill, 50 g Kürbiskerne,
200 g körniger Frischkäse,
1/2 unbehandelte Zitrone,
1/4 Teel. gemahlener Koriander, Salz,
frisch gemahlener Pfeffer,
16 große Mangoldblätter (ca. 1 kg),
2 Möhren, 1 große Zwiebel,
2 Eßl. Öl, 75 g Crème fraîche.

Hirse mit 300 Kubikzentimeter Brühe aufkochen. Zugedeckt bei kleiner Hitze 20 Minuten garen. Oliven, Dill und Kürbiskerne hacken und zur abgekühlten Hirse geben. Frischkäse, Zitronensaft, abgeriebene Schale, Koriander, Salz und Pfeffer zufügen und alles mischen. Mangoldblätter kurz in sprudelnd kochendes Wasser tauchen, damit sie sich rollen lassen. Auf Küchentüchern ausbreiten, Stiele herausschneiden und fein zerkleinern. Blätter mit Hirsefüllung belegen, aufrollen und mit Küchengarn umwickeln. Möhren und Zwiebel würfeln, Öl erhitzen. Mangoldstiele, Möhren und Zwiebel darin andünsten. Mangoldpäckchen darauflegen. Restliche Brühe zugießen, aufkochen und die Päckchen zugedeckt 15 Minuten dünsten. Crème fraîche untermischen (pro Portion ca. 450 Kalorien). Dazu: Pellkartoffeln

Linsenküchlein mit Maissalat

▶ Für 4 Portionen

1 Bund Lauchzwiebeln, 5 Eßl. Öl,
150 g rote Linsen, 3/8 l Gemüsebrühe
(Instant), 1 Eßl. Weizenvollkornmehl,
2 Eigelb, Salz, frisch gemahlener Pfeffer,
Oregano, Mehl zum Formen;
1/2 Salatgurke, 1 rote Paprikaschote,
1 Dose Gemüsemais (Einwaage 285 g),
150 g Joghurt (3,5%),
1 Teel. Zitronensaft.

Eine Lauchzwiebel putzen, waschen und fein hacken. In einem Eßlöffel Öl andünsten. Linsen und Brühe zugeben und bei kleiner Hitze 20 Minuten dünsten. Abgekühlte Linsen mit dem Schneidstab des Handrührers pürieren. Mit Mehl und Eigelb vermischen und mit Salz, Pfeffer und Oregano abschmecken. Mit bemehlten Händen acht Küchlein formen und von jeder Seite etwa vier Minuten im restlichen Öl braten. Für den Salat die zweite Lauchzwiebel in Ringe schneiden (etwas zum Garnieren beiseite stellen). Gurken und Paprika würfeln. Mit abgetropftem Mais vermischen. Joghurt und Zitronensaft mit dem Schneebesen cremig rühren und mit Salz und Pfeffer würzen. Unter den Salat rühren. Linsenküchlein mit Zwiebelringen bestreuen (pro Portion ca. 550 Kalorien).

Geschichtete Eierkuchen mit Gemüsefüllung

▶ Für 4 Portionen

Teig: 6 Eier, 200 g Mehl, 1/8 l Milch, Edelsüß-Paprika, 150 g Joghurt (3,5%), 6 Eßl. Öl, 120 g alter Goudakäse; Füllung: 500 g Rosenkohl, 200 g Weißkohl, 300 g Möhren, 2 Zwiebeln, 40 g Butter, 100 ccm Brühe, 200 g saure Sahne, 1 Eßl. Soßenbinder (Instant), Salz, frisch gemahlener Pfeffer, 1 Bund Petersilie.

Eier mit Mehl, Milch, Paprika und Joghurt verrühren. Mit Salz und Pfeffer würzen. Aus dem Teig in heißem Öl nacheinander vier Eierkuchen von etwa 22 Zentimeter Durchmesser backen. Rosenkohl halbieren. Weißkohl in Streifen schneiden. Möhren schälen und in Scheiben schneiden. Zwiebeln abziehen und in dünne Ringe schneiden. Backofen auf 250 Grad/ Umluft 220 Grad/Gas Stufe 5 vorheizen. Rosenkohl und Möhren in der heißen Butter andünsten. Brühe zugießen, Gemüse zugedeckt fünf Minuten garen. Zwiebeln und Kohl zufügen und weitere fünf Minuten dünsten. Saure Sahne zufügen und alles mit Soßenbinder binden. Mit Salz und Pfeffer abschmecken, mit gehackter Petersilie mischen. Drei Eierkuchen auf einer ofenfesten Platte aufeinanderlegen, dabei mit Gemüse füllen und mit geriebenem Käse bestreuen. Mit dem vierten Kuchen abdecken. Mit Käse bestreuen und im Backofen sechs Minuten überbacken (pro Portion ca. 775 Kalorien).

Paprikagemüse mit Oliven

▶ Für 3 Portionen; Foto rechts

2 Gemüsezwiebeln, 4 Eßl. Öl, je 500 g gelbe und rote Paprikaschoten, 4 Knoblauchzehen, 2 Fleischtomaten, 1 Zweig Rosmarin, 1 Orange, Salz, frisch gemahlener Pfeffer, 250 g Schafskäse, 70 g schwarze Oliven.

Grobgewürfelte Zwiebeln in heißem Öl glasig dünsten. Inzwischen Paprikaschoten halbieren, entkernen und in Würfel schneiden. Die Schoten und den zerdrückten Knoblauch zu den Zwiebeln geben und in der geschlossenen Pfanne bei kleiner Hitze zehn Minuten schmoren. Abgezogene, gewürfelte Tomaten, gehackte Rosmarinnadeln und Orangensaft zugeben. Mit Salz und Pfeffer würzen. Noch acht Minuten schmoren. Zerbröckelten Schafskäse und Oliven darübergeben (pro Portion ca. 540 Kalorien).

Kartoffelklöße mit Champignonfüllung

▶ Für 4 Portionen

1 kg mehlige Kartoffeln, 120–150 g Mehl, Salz, 2 Eier, Mehl zum Formen, 1 Tube Paprikamark (90 g), 8 mittelgroße Champignons.

Kartoffeln 20 Minuten in Wasser kochen. Mit kaltem Wasser übergießen und die Schale abziehen. Kartoffeln durch ein Sieb streichen oder durch die Kartoffelpresse drücken. Mit Mehl, einer Prise Salz und Eiern verkneten. Auf wenig Mehl zu einer Rolle formen und in acht Scheiben schneiden. Jede Teigscheibe mit angefeuchteten Händen etwas eindrücken und einen Teelöffel Paprikamark und einen geputzten Champignon hineingeben. Teig über der Füllung zusammendrücken und die Klöße formen. Leicht gesalzenes Wasser zum Kochen bringen. Knödel hineingeben und im siedenden Wasser 20 Minuten garziehen lassen (pro Portion ca. 420 Kalorien). Dazu: Tomatensoße und gemischten Salat.

TiP Die Klöße gelingen nur mit mehligen Kartoffeln, alle anderen Sorten oder neue Kartoffeln enthalten zuviel Wasser. Das Mehl nicht auf einmal, sondern nach und nach unterarbeiten, bis der Teig geschmeidig ist und sich gut zu einer Rolle formen läßt. Zuviel Mehl macht den Teig zwar leicht formbar, die Klöße aber zäh. Im siedenden (nicht sprudelnd kochenden!) Wasser sind die Klöße nach etwa 20 Minuten gar – obwohl sie schon vorher an der Wasseroberfläche schwimmen.

Kartoffelgnocchi

▶ Für 4 Portionen

1 kg mehlige Kartoffeln, Salz, 100 g Haselnußkerne, 100 g Goudakäse, 2 Eigelb, 50 g Speisestärke, Cayennepfeffer, Mehl zum Ausrollen.

Kartoffeln mit Schale in Wasser 20 Minuten kochen. Schälen, abkühlen lassen und durch eine Kartoffelpresse drücken. Nüsse mahlen, Käse reiben. Kartoffeln, Eigelb, Nüsse, Käse und Speisestärke zu einem weichen Teig vermischen. Mit Salz und Cayennepfeffer abschmecken. Aus dem Teig mit bemehlten Händen daumendicke Rollen formen. In Stücke schneiden und zu Kugeln formen. Die Kugeln auf der Oberseite mit einer Gabel flach drücken. In reichlich siedendes Salzwasser geben und etwa vier Minuten garziehen lassen (pro Portion ca. 535 Kalorien).

Gebratener Wirsing mit Käse-Kartoffelpüree

▶ Für 4 Portionen

1 kleiner Wirsingkohl),
1,2 kg mehlige Kartoffeln,
1/4 l Milch, 1 Bund Schnittlauch,
125 g Gorgonzolakäse, Salz,
frisch gemahlener Pfeffer, Muskatnuß;
4 Eier, 75 g Semmelbrösel, 4 Eßl. Öl.

Den Wirsingkohl putzen, abspülen und mit dem Strunk wie eine Torte in vier Zentimeter breite Stücke schneiden. Die Stücke mit Holzspießchen zusammenstecken, damit die Blätter nicht auseinanderfallen. In Wasser fünf Minuten kochen, herausnehmen und abtropfen lassen. Für das Püree Kartoffeln schälen und in Wasser 20 Minuten kochen. Abgießen, das Kochwasser auffangen. Milch erhitzen. Kartoffeln durch eine Kartoffelpresse in die heiße Milch drücken. So viel Kochwasser unterrühren, daß das Püree cremig ist. Schnittlauch in Röllchen schneiden. Mit dem zerbröckelten Käse unter das Püree rühren, mit wenig Salz, Pfeffer und Muskat würzen. Püree warm stellen. Eier verrühren. Wirsingstücke erst in Ei, dann in Semmelbröseln wenden. Öl in einer Pfanne erhitzen. Wirsing darin von jeder Seite goldbraun braten. Mit dem Kartoffelpüree anrichten (pro Portion ca. 630 Kalorien).

Kartoffel-Möhren-Rösti mit zwei Dips

▶ Für 4 Portionen

Käse-Dip: 60 g Edelpilzkäse,
100 g Rahmfrischkäse, 100 g Schlagsahne, frisch gemahlener Pfeffer;
Ingwer-Dip: 100 g Rahmfrischkäse,
100 g Schlagsahne, 1 Stück frischer Ingwer (ca. 1 cm), Zimt, Salz,
frisch gemahlener Pfeffer, Tabasco;
Rösti: 800 g festkochende Kartoffeln,
300 g Möhren, 2 feste Äpfel, 1 Zwiebel,
1 Teel. Salz, 4 Eßl. Öl.

Für den Käse-Dip zerdrückten Edelpilzkäse mit Frischkäse und Sahne verrühren, mit Pfeffer würzen. Für den Ingwer-Dip Frischkäse mit Sahne, geschältem, geriebenem Ingwer, Zimt, Salz, Pfeffer und Tabasco verrühren. Für die Rösti Kartoffeln, Möhren und Äpfel schälen. Kartoffeln fein, Möhren und Äpfel grob raffeln. Zwiebel abziehen und hacken. Alles mit Salz mischen. Etwas Öl in einer Pfanne erhitzen. Jeweils einen Eßlöffel Kartoffelteig in die Pfanne geben und flachdrücken. Die Rösti bei mittlerer bis kleiner Hitze auf der Unterseite braun braten. Wenden und bei kleiner Hitze fertigbraten. Auf Küchenpapier abtropfen lassen und warm stellen. Rösti mit den beiden Dips servieren (pro Portion ca. 570 Kalorien).

Vollkornspaghetti mit Auberginen

▶ Für 4 Portionen

2 kleine Auberginen, 6 Eßl. Öl,
1 Bund Lauchzwiebeln,
2 Knoblauchzehen, 600 g Tomaten,
1 Eßl. Olivenöl, Salz,
frisch gemahlener Pfeffer,
1 Prise Zucker, 1 Bund Basilikum,
400 g Vollkornspaghetti,
1 Eßl. frisch geriebener Parmesankäse.

Auberginen waschen, abtrocknen und in Scheiben schneiden. Öl erhitzen. Auberginen zugedeckt darin bei kleiner Hitze in etwa 20 Minuten weich braten. Bei mittlerer Hitze unter Wenden bräunen. Lauchzwiebeln in Ringe schneiden, Knoblauch hacken. Tomaten abziehen und achteln. Olivenöl erhitzen. Lauchzwiebeln und Knoblauch darin bei kleiner Hitze anbraten. Tomaten zugeben und bei mittlerer bis großer Hitze unter Rühren schmoren, bis die Flüssigkeit, die sich bildet, zum größten Teil wieder verdampft ist. Mit Salz, Pfeffer und Zucker würzen. Basilikum fein hacken und daruntermischen. Spaghetti in reichlich Salzwasser bißfest garen, abgießen und abgetropft mit der Tomatensoße mischen. Auberginen darauf anrichten und mit dem Parmesan bestreuen (pro Portion 675 Kalorien).

Sojanudeln mit Spinat

▶ Für 5 Portionen; Foto rechts

5 kleine rote Paprikaschoten,
40 g Butter, 4 Eßl. Olivenöl,
250 g Schlagsahne, 2 Teel. Instant-Brühe, frisch gemahlener Pfeffer,
1 Teel. Edelsüß-Paprika,
1 kg Spinat, 3 kleine Zwiebeln,
2 Knoblauchzehen, Salz,
400 g Sojanudeln (ersatzweise Vollkornnudeln), 50 g Parmesankäse.

Paprikaschoten in kleine Stücke schneiden. Butter und zwei Eßlöffel Öl in einer Pfanne erhitzen. Paprikastücke darin zugedeckt zehn Minuten dünsten. Einige Stücke zum Garnieren beiseite legen, den Rest pürieren. Eventuell durch ein Sieb streichen. Sahne aufkochen. Paprikapüree zugeben. Soße mit der Brühe, Pfeffer und Paprikapulver abschmecken. Spinat waschen und die groben Stiele entfernen. Die Zwiebelviertel und zerdrückten Knoblauch im restlichen Öl andünsten. Tropfnassen Spinat dazugeben und fünf Minuten dünsten. Mit Salz abschmecken. Nudeln in reichlich Salzwasser bißfest kochen. Abgießen, abtropfen lassen, mit dem Spinat mischen und mit dem geriebenen Parmesankäse bestreuen. Die Paprikasoße mit restlichen Paprikastücken bestreuen und dazu servieren (pro Portion ca. 750 Kalorien). Dazu: gemischter Salat.

Nudeltaschen

▶ Für 6 Portionen

Teig: 250 g Mehl, 25 g Grieß, 3 Eigelb, 1 Ei, Salz, frisch gemahlener Pfeffer, Muskat; Füllung: 100 g Edelpilzkäse (z.B. Roquefort oder Gorgonzola), 100 g Goudakäse, 1 Knoblauchzehe; Mehl für die Arbeitsfläche; Eiweiß zum Bestreichen; 60 g Butter, 1 Bund Schnittlauch.

Mehl, Grieß, Eigelb, Ei, 100 Kubikzentimeter Wasser, Salz, Pfeffer und Muskat zuerst mit den Knethaken des Handrührers und dann mit den Händen zu einem glatten Teig verkneten. Teig abgedeckt bei Zimmertemperatur etwa 30 Minuten ruhenlassen. Für die Füllung grob zerkleinerten Edelpilzkäse, grob geraffelten Goudakäse und zerdrückten Knoblauch verrühren. Teig auf einer leicht bemehlten Arbeitsfläche sehr dünn ausrollen oder durch eine Nudelmaschine drehen. Quadrate von etwa fünf Zentimeter Seitenlänge ausschneiden. Käsemasse darauf geben. Ränder mit Eiweiß bepinseln und jeweils zu Dreiecken überklappen. Ränder festdrücken. Nudeltaschen in kochendem Salzwasser portionsweise etwa drei Minuten garen. Butter leicht bräunen und über die abgetropften Nudeltaschen geben. Mit Schnittlauchröllchen bestreuen (pro Portion ca. 390 Kalorien). Dazu: grüner Salat.

Nudeln mit Fenchel

▶ Für 4 Portionen

2 mittelgroße Fenchelknollen, Salz, 500 g Bandnudeln, 50 g Butter, 1 Eßl. Olivenöl, 300 g kleine Tomaten, 100 g Parmesankäse.

Fenchelknollen putzen, waschen und vierteln. In reichlich Wasser etwa zwölf Minuten kochen. Mit einer Schöpfkelle herausnehmen und warm stellen. Salz zum Wasser geben, aufkochen und die Bandnudeln darin bißfest kochen. Abgießen und abtropfen lassen. Butter mit Öl in einem Topf schmelzen und die abgezogenen Tomaten darin von allen Seiten kurz andünsten. Nudeln zufügen und vorsichtig durchmischen. Fenchelviertel auf den Nudeln anrichten und mit geriebenem Parmesankäse bestreuen (pro Portion ca. 780 Kalorien). Dazu: Tomatensalat.

Nuß-Spätzle mit Spinat

▶ Für 4 Portionen

50 g gemischte Nüsse und Kerne, 300 g Blattspinat, 4 Schalotten, 2 Knoblauchzehen, 4 Eßl. Olivenöl, 100 g Schlagsahne, Salz, frisch gemahlener Pfeffer, 250 g Spätzle, 1 rote Chilischote.

Nüsse und Kerne grob hacken und in einer Pfanne ohne Fett leicht rösten. Spinat putzen und waschen. Schalotten und Knoblauch abziehen, fein würfeln und in einem Eßlöffel Öl glasig dünsten. Spinat darin zusammenfallen lassen. Sahne zugeben und etwa drei Minuten dünsten. Mit Salz und Pfeffer würzen. Die Spätzle in reichlich Salzwasser mit einem Eßlöffel Öl bißfest kochen. Die Chilischote aufschneiden, Kerne entfernen und die Schote fein würfeln. Restliches Olivenöl und Chiliwürfel in einer Pfanne erwärmen. Spätzle, Nüsse und Kerne zugeben und erhitzen. Mit Salz abschmecken und zum Spinat servieren (pro Portion ca. 430 Kalorien).

Vollkornnudeln mit Pilzsoße

▸ Für 3 Portionen

500 g Pilze (Champignons, Austernpilze, Pfifferlinge), 2 Zwiebeln, 2 Bund Petersilie, 2 Eßl. Öl, 200 g Crème fraîche , 1/8 l Gemüsebrühe, 250 g Vollkornnudeln, Salz, frisch gemahlener Pfeffer, Zitronensaft, 3 Eßl. geriebener Parmesankäse.

Pilze waschen, putzen und trockentupfen. Große Pilze halbieren oder in Stücke schneiden. Zwiebeln und Petersilie hacken. Zwiebeln im heißen Öl glasig dünsten. Pilze zugeben und kurz mit anbraten. Crème fraîche und Brühe zugeben. In der geschlossenen Pfanne 15 Minuten schmoren. Nudeln in reichlich kochendem Salzwasser bißfest kochen. Pilze mit Salz, Pfeffer und Zitronensaft abschmecken. Die Petersilie unterrühren. Die Nudeln abtropfen lassen und mit der Pilzsoße anrichten. Mit geriebenem Parmesankäse bestreut servieren (pro Portion ca. 720 Kalorien). Dazu: Tomatensalat.

Nudeln mit Brokkolisoße

▸ Für 4 Portionen

500 g Brokkoli, 1 Eßl. Butter, 1 Eßl. Öl, 1/2 l Milch, Salz, frisch gemahlener Pfeffer, Zitronensaft, 100 g Walnußkerne, 50 g Parmesankäse, 300 g Bandnudeln.

Brokkoli putzen, waschen und in Stücke schneiden. Im heißen Fett zwei Minuten andünsten. Milch zufügen, salzen und im geschlossenen Topf zwölf Minuten kochen. Im Mixer oder mit dem Pürierstab des Handrührgerätes pürieren. Mit Pfeffer und Zitronensaft abschmecken. Nüsse grob hacken, Parmesankäse reiben. Nudeln in Salzwasser bißfest kochen. Abgießen, abtropfen lassen, mit Brokkolisoße, Nüssen und Parmesan mischen (pro Portion ca. 720 Kalorien).

Spinat-Risotto

▶ Für 4 Portionen; Foto rechts

150 g Spinat, 1/2 l Gemüsebrühe (Instant), 2 Schalotten, 2 Eßl. Öl, 200 g Avorio-Reis, 3 Fleischtomaten, 30 g Butter, Salz, frisch gemahlener Pfeffer, 50 g Parmesankäse.

Spinat waschen, von den Stielen zupfen und in einem Viertelliter Wasser eine Minute kochen. Herausnehmen und auf einem Sieb abtropfen lassen. Spinatsud und Gemüsebrühe mischen. Gewürfelte Schalotten und Reis im heißen Öl glasig dünsten. Gemüsebrühe nach und nach dazugeben und bei kleiner Hitze 20 bis 30 Minuten garen. Dabei ab und zu rühren. Spinat fein hacken und unterrühren. Tomaten überbrühen, abziehen, halbieren, entkernen und das Fruchtfleisch würfeln. Butter in einer Pfanne erhitzen. Tomatenwürfel kurz darin schwenken und mit Salz und Pfeffer würzen. Risotto in kleine, kalt ausgespülte Förmchen oder Kaffeetassen drücken und auf Portionsteller stürzen. Tomatenwürfel dazugeben und mit frisch gehobeltem Parmesankäse bestreuen (pro Portion ca. 360 Kalorien).

TIP Der Risotto schmeckt fleischlos mit bunt gemischtem Salat und ist eine feine Beilage zu gebratenem Fisch.

Gemüsespieße mit Champignonreis

▶ Für 2 Portionen

1 kleine Aubergine, 250 g Zucchini,
1 gelbe Paprikaschote, 250 g Tomaten,
2 Zwiebeln, 2 Eßl. Mehl,
125 g Langkornreis,
20 g Butter oder Margarine,
1/2 l Gemüsebrühe (Instant),
100 g Champignons, 1/2 Zitrone,
Salz, 4 Eßl. Öl, 1 Bund Dill,
30 g Pecorinokäse
(ersatzweise Parmesankäse).

Aubergine, Zucchini und Paprikaschote waschen und in kleine Stücke schneiden. Tomaten und Zwiebeln abziehen und vierteln. Alle Gemüse abwechselnd auf vier Spieße stecken. Mit Mehl bestäuben. Reis in heißem Fett andünsten. Brühe zugießen, Reis zugedeckt 15 Minuten garen. Champignons putzen, waschen und in Scheiben schneiden. Mit Zitronensaft beträufeln. Gemüsespieße salzen und im heißen Öl bei mittlerer Hitze 15 Minuten braten. Pilze zum Reis geben und noch fünf Minuten garen. Dill hacken und mit dem geriebenen Käse unter den Reis mischen. Gemüsespieße auf dem Risotto anrichten (pro Portion ca. 830 Kalorien). Dazu: Tomatensoße und eventuell gemischten Salat.

Couscous mit Paprika

▶ Für 6 Portionen

100 g Rosinen, 500 g Couscous (feiner Weizengrieß), je 1 rote, grüne und gelbe Paprikaschote, 1 Gemüsezwiebel, 3 Eßl. Olivenöl, 1 kleine Dose Kichererbsen, 1/4 l Gemüsebrühe, 1/2 Teel. Harissa (tunesische Würzpaste; ersatzweise Cayennepfeffer), Salz, gemahlener Kreuzkümmel (ersatzweise gemahlener Kümmel), 50 g Pinienkerne.

Rosinen in heißem Wasser einweichen und 20 Minuten quellen lassen. Couscous in einem Viertelliter Wasser einweichen und zehn Minuten quellen lassen. Anschließend in einem feinen Sieb (eventuell mit einem Küchentuch ausgelegt) in einem Topf mit kochendem Wasser zwölf Minuten dämpfen. Paprikaschoten und Zwiebel achteln und in einer Pfanne mit heißem Öl glasig dünsten. Abgetropfte Kichererbsen, Rosinen und Brühe zugeben und mit Harissa, Salz und Kreuzkümmel würzen. Zugedeckt bei kleiner Hitze zehn Minuten dünsten. Pinienkerne in einer Pfanne ohne Fett bei mittlerer Hitze goldbraun rösten. Couscous auf einer Platte ringförmig anrichten. Gemüse in die Mitte geben und mit Pinienkernen bestreuen (pro Portion ca. 285 Kalorien).

Hirsepfanne

▶ Für 4 Portionen

250 g Möhren, 1 kleine Salatgurke, 1 Zwiebel, 4 Eßl. Öl, 300 g Hirse, 1/2 l Gemüsebrühe (Instant), 2 Eßl. Zitronensaft, 200 g Tofu, Salz, frisch gemahlener Pfeffer, 300 g Joghurt (10 %), 2 Knoblauchzehen, 1 Bund Dill.

Möhren in dünne Scheiben schneiden. Die Salatgurke schälen, Kerne herauskratzen, Gurkenfleisch in kleine Würfel schneiden. Zwiebel abziehen, hacken und im heißen Öl in einer großen Pfanne glasig andünsten. Möhrenscheiben und Gurkenwürfel zugeben. Hirse unter fließend heißem Wasser abspülen, abtropfen lassen, zum Gemüse geben und unter Rühren einige Sekunden andünsten. Gemüsebrühe zufügen und aufkochen. Hirse zugedeckt 20 Minuten bei milder Hitze garen. Mit Zitronensaft abschmecken. Tofu würfeln, untermischen und erhitzen. Joghurt mit zerdrücktem Knoblauch und gehacktem Dill mischen und dazu servieren (pro Portion ca. 490 Kalorien).

TiP Hirse und Buchweizen schmecken besonders aromatisch und die Körnchen zerfallen nicht, wenn man sie vor dem Kochen in etwas Fett andünstet.

Geschmorter Weizen mit Rotwein und Gemüse

▶ Für 4 Portionen

125 g Weizenkörner, Salz,
1 Bund Lauchzwiebeln,
1 rote Paprikaschote, 500 g Zucchini,
200 g Champignons, 40 g Butter oder Margarine, 1/4 l trockener Rotwein,
150 g Crème fraîche,
1 Teel. getrockneter Thymian,
frisch gemahlener Pfeffer,
4 Eßl. getrocknete Aprikosen.

Weizen mit 350 Kubikzentimeter Wasser für 24 Stunden oder über Nacht einweichen. Mit dem Einweichwasser und Salz zum Kochen bringen. Bei kleinster Hitze eine Stunde kochen. Von der Kochstelle nehmen und im geschlossenen Topf noch eine Stunde quellen lassen. Inzwischen Lauchzwiebeln putzen, waschen und in Ringe schneiden. Paprikaschote waschen, halbieren, entkernen und in kleine Würfel schneiden. Zucchini und Champignons putzen und waschen. Zucchini in fingerdicke Scheiben schneiden. Fett in einer große tiefen Pfanne erhitzen. Die Zwiebeln darin glasig dünsten. Paprika, Zucchini und Pilze zufügen und bei mittlerer Hitze zehn Minuten schmoren. Die abgetropften Weizenkörner, Rotwein, Crème fraîche und Thymian zufügen und in der offenen Pfanne bei mittlerer Hitze schmoren, bis die Flüssigkeit fast verdampft ist. Mit Salz und Pfeffer nachwürzen. Aprikosen in schmale Streifen schneiden und fünf Minuten im Weizen heiß werden lassen (pro Portion ca. 490 Kalorien).

Gemüsereis mit roten Linsen

▶ Für 4 Portionen

400 g Brokkoli, 150 g Champignons,
2 Zwiebeln, 250 g Reis, 40 g Butter oder Margarine, 2 Lorbeerblätter,
je 1 gute Messerspitze gemahlene Nelken und Ingwer, Salz, frisch gemahlener Pfeffer, 3/4 l Brühe,
100 g rote Linsen, 50 g Parmesankäse.

Brokkoli putzen, waschen und in Röschen teilen. Champignons putzen, waschen und in Scheiben schneiden. Zwiebeln abziehen und würfeln. Reis im heißen Fett glasig dünsten. Zwiebeln, Lorbeerblätter, Nelken, Ingwer, Salz und Pfeffer, Brühe und Wein zugeben, aufkochen und zugedeckt zehn Minuten dünsten. Brokkoli, Champignons und rote Linsen zufügen und weitere zehn Minuten dünsten. Mit Salz abschmecken, mit geriebenem Parmesankäse bestreut servieren (pro Portion ca. 540 Kalorien).

Polentakuchen

▶ Für 4 Portionen; Foto rechts

150 g Zwiebeln, 2 Knoblauchzehen, 50 g Butter, 200 g Maisgrieß, Salz, knapp 1/2 l Milch, 50 g Sonnenblumenkerne, Fett für das Blech, 1/2 Bund Salbei; Salat: 1 Bund Radieschen, 1 Römersalat, 1 grüner Salat, 2 Fleischtomaten, 1 gelbe Paprikaschote, 1 Eßl. Senf, 1 Zitrone, Salz, frisch gemahlener Pfeffer, 100 g Schlagsahne, 1 Bund Dill, 1 Prise Zucker.

Zwiebelwürfel und zerdrückten Knoblauch in 20 Gramm Butter glasig dünsten. Maisgrieß zufügen, ebenfalls kurz andünsten. Salzen. Milch zugießen, Maisgrieß unter häufigem Rühren bei kleiner Hitze 20 Minuten ausquellen lassen. Sonnenblumenkerne ohne Fett in einer Pfanne hellbraun rösten. Unter den Grießbrei rühren, auf die Hälfte eines gefetteten Backblechs streichen und mit Butterflöckchen belegen. In den Backofen schieben, auf 200 Grad/Umluft 180 Grad/Gas Stufe 3 schalten und 30 Minuten goldbraun backen. Kuchen nach 25 Minuten mit Salbeiblättern belegen. Inzwischen Radieschen putzen und halbieren. Beide Salatsorten putzen, waschen und zerpflücken. Tomaten waschen und in Stücke schneiden. Paprikaschote fein würfeln. Senf mit Zitronensaft, Salz, Pfeffer und Sahne verrühren. Gehackten Dill unterrühren und die Soße mit etwas Zucker abschmecken. Salatzutaten mischen und mit der Soße begießen. Polenta in Rauten schneiden und zusammen mit dem Salat auf Tellern anrichten (pro Portion ca. 483 Kalorien).

Grünkern-Auberginen

▶ Für 2 Portionen

4 Eßl. Grünkernschrot, 3 Eßl. Olivenöl, 1/2 Teel. milder Curry, 1 Messerspitze gemahlener Ingwer, 1/2 l Gemüsebrühe, 2 Möhren, 2 Tomaten, 2 Auberginen, Salz, 2 Knoblauchzehen, 150 g Joghurt, 1 Eßl. gemahlene Mandeln, 1 Teel. Sambal Manis (indonesische Würzpaste; ersatzweise 1 Eßl. Sojasoße).

Grünkernschrot in einem Eßlöffel Öl zwei Minuten andünsten. Curry, Ingwer, Brühe, Möhren- und Tomatenstücke zugeben und bei kleiner Hitze 20 Minuten kochen. Auberginenscheiben mit gehacktem Knoblauch im restlichen Öl andünsten. Joghurt und Mandeln verrühren und mit den Auberginen unter den Grünkern rühren. Weitere zehn Minuten bei kleiner Hitze schmoren. Mit Sambal Manis und Salz abschmecken (pro Portion 435 Kalorien). Dazu: Brot und Salat.

Kichererbseneintopf mit Dinkelklößchen

▶ Für 4 Portionen

2 Zwiebeln, 3 große Möhren, 5 kleine Zucchini, 1 l Gemüsebrühe, 1/2 l Sojamilch, 2 kleine Dosen Kichererbsen, frisch gemahlener Pfeffer, 200 g Räuchertofu; Dinkelklößchen: 40 g Butter oder Margarine, Salz, 1 Eßl. gehackte Petersilie, 70 g Dinkelmehl, 2 kleine Eier, 1 Bund Petersilie, 2 Knoblauchzehen, 1 Eßl. Olivenöl.

Zwiebeln, Möhren und Zucchini in Stücke schneiden. Brühe und Sojamilch aufkochen. Abgetropfte Kichererbsen mit Zwiebeln und Möhren zur Brühe geben und mit Pfeffer würzen. Einmal aufkochen und bei mittlerer Hitze 15 Minuten garen. Zucchini und gewürfelten Tofu zufügen und zehn Minuten weiterkochen. Für die Klößchen weiches Fett, Salz und Petersilie verrühren. Dinkelmehl zufügen, Eier unterrühren. Mit einem Teelöffel Klößchen abstechen und in siedendem Salzwasser zehn Minuten garziehen lassen. Klößchen und gehackte Petersilie zum Eintopf geben und mit Salz und Pfeffer würzen. Knoblauchscheiben im heißen Öl andünsten und über den Eintopf geben (pro Portion ca. 530 Kalorien).

TiP Sojamilch, Räuchertofu und Dinkel gibt es in Naturkostläden und Reformhäusern. Die Dinkelklößchen lassen sich vorbereiten und einfrieren. Sie passen auch zu Gemüsegerichten.

Haferplinsen

▶ Für 4 Portionen

1 Bund Petersilie, 1 Bund Estragon, 150 g feine Haferflocken, 1 Zwiebel, 2 Möhren, 2 Eßl. Sojamehl, 2 Eier, Kräutersalz, 200 ccm Gemüsebrühe, 4 Eßl. Öl, 2 kleine Salatgurken, 200 g Schlagsahne, 200 g körniger Frischkäse, 30 g Kürbiskerne.

Petersilie und Estragon fein hacken. Haferflocken, Zwiebelwürfel, geriebene Möhren, Sojamehl, Eier, Kräutersalz und Brühe zu einem Teig verrühren. Je einen Eßlöffel Kräuter unterrühren. In einer großen Pfanne drei Eßlöffel Öl erhitzen und handtellergroße Plinsen knusprig braun braten. Warm stellen. Gurken schälen, entkernen und in Scheiben schneiden. Im restlichen heißen Öl andünsten, mit Kräutersalz würzen. Sahne und Käse zugeben und einmal aufkochen. Restliche Kräuter unterheben. Mit Kürbiskernen bestreuen und zu den Plinsen servieren (pro Portion ca. 713 Kalorien).

Vollkorncrêpes mit roten Beten

Für 4 Portionen

400 g kleine rote Bete,
100 g Weizenvollkornmehl,
2 Eigelbe, 200 g Schlagsahne,
Salz, 1 Bund Petersilie,
2 Eßl. Öl, 200 g Crème fraîche,
frisch gemahlener Pfeffer,
1 Bund Schnittlauch.

Rote Bete gründlich waschen und abtrocknen. Einzeln in Alufolie wickeln und auf ein Backblech legen. In den Backofen schieben, auf 200 Grad/Umluft 180 Grad/Gas Stufe 3 schalten und 45 bis 50 Minuten garen. Für die Crêpes Mehl, Eigelbe, Sahne und Salz verrühren. Petersilie abspülen, trockentupfen und fein hacken. Unter den Teig rühren. Aus dem Teig im heißen Öl vier Crêpes backen und im Backofen warm stellen. Crème fraîche mit Salz, Pfeffer und Schnittlauchröllchen verrühren. Rote Bete schälen, in Scheiben schneiden und mit den Crêpes auf Tellern anrichten. Schnittlauchcreme über den roten Beten verteilen. (pro Portion ca. 476 Kalorien).

TiP Zarte, junge rote Bete kommen von Mai bis Juli auf den Markt.

Weizen-Tofu-Küchlein mit Gemüse-Pickles

Für 4 Portionen

Küchlein: 100 g Weizen, 1 Eßl. Gemüsebrühe-Extrakt, 1/2 Stange Porree, 75 g Tofu, 75 g Schafkäse, 1 Ei, 75 g Vollkornmehl, 1 Bund Basilikum, Salz, Cayennepfeffer, Oregano, Edelsüß-Paprika, 4 Eßl. Öl;
Gemüse-Pickles: 100 ccm Himbeeressig, 3 Eßl. Zucker, 2 Teel. Salz,
1 Eßl. Honig, 1 Teel. Kümmel,
1 Teel. Anissamen, 5 Pfefferkörner,
2 Knoblauchzehen, 250 g Möhren,
1 kleiner Blumenkohl, 3 rote Zwiebeln.

Weizen über Nacht in reichlich Wasser einweichen. Mit 200 Kubikzentimeter Wasser, Brühe und Porreeringen aufkochen und bei kleiner Hitze 30 Minuten garen. Abtropfen lassen. Tofu und Schafkäse pürieren. Mit Ei, Mehl, gehacktem Basilikum und Weizen mischen. Mit Salz, Cayennepfeffer, Oregano und Paprika würzen. Acht Küchlein formen. In heißem Öl braun braten. Für die Pickles Essig, Zucker, Salz, Honig, Gewürze und Knoblauch mit 200 Kubikzentimeter Wasser aufkochen. Möhrenstifte, Blumenkohlröschen und Zwiebelviertel darin zugedeckt fünf Minuten kochen. Im Sud abkühlen lassen (pro Portion ca. 460 Kalorien).

Blaubeerstrudel

▸ Für 12 Stücke

*Teig: 300 g Mehl, 1 Ei, 3 Eßl. Öl,
je 1 Prise Salz und Zucker;
Füllung: 500 g Blaubeeren,
2 Eßl. Zitronensaft, 100 g Zucker,
2 Äpfel; Mehl für die Arbeitsfläche;
60 g Butter, 100 g gemahlene Mandeln,
50 g Amaretti (italienisches Mandelgebäck; ersatzweise Löffelbiskuits);
Fett für das Blech; 1 Eßl. Puderzucker.*

Mehl, Ei, Öl, Salz, Zucker und 100 Kubikzentimeter Wasser mit den Knethaken des Handrührers verkneten. Danach etwa zehn Minuten mit den Händen weiterkneten. Mit einer heiß ausgespülten Schüssel abdecken und etwa 30 Minuten ruhenlassen. Blaubeeren mit Zitronensaft und 50 Gramm Zucker vermischen. Äpfel schälen und würfeln. Den Teig auf einem leicht bemehlten Küchentuch etwa drei Millimeter dick zu einem Rechteck ausrollen. Mit der Hälfte der zerlassenen Butter bestreichen, mit Mandeln und dem restlichen Zucker bestreuen. Blaubeeren, Äpfel und zerbröckelte Amaretti darauf verteilen. Die Ränder einschlagen und den Strudel mit Hilfe des Küchentuches aufrollen. Strudel mit der Nahtstelle nach unten in eine ofenfeste Form legen und mit der restlichen Butter bestreichen. In den Backofen schieben, Ofen auf 200 Grad/Umluft 180 Grad/ Gas Stufe 3 schalten und den Strudel in 30 bis 40 Minuten hellbraun backen. Noch warm mit Puderzucker bestäuben (pro Stück ca. 300 Kalorien). Dazu: Vanillesoße oder Vanilleeis.

Kirsch-Semmelpudding

▸ Für 8 Portionen; Foto rechts

*9 altbackene Brötchen, 1/2 l Milch,
3 Eier, 120 g Zucker, 1 Prise Salz,
1 unbehandelte Zitrone,
100 g Marzipan-Rohmasse,
500 g Kirschen (ersatzweise 1 großes Glas Schattenmorellen); Fett und
1 Eßl. Semmelbrösel für die Form.*

Brötchen würfeln und in der Milch einweichen. Eier trennen. Eigelb, Zucker, Salz und abgeriebene Zitronenschale schaumig schlagen. Brötchen, Marzipanwürfel und entsteinte oder abgetropfte Kirschen unterrühren. Eiweiß steif schlagen und unterheben. Eine Gugelhupf- oder Puddingform (zwei Liter Inhalt) ausfetten und mit Semmelbrösel ausstreuen. Den Teig einfüllen. In den Backofen schieben, auf 180 Grad/Umluft 160 Grad/ Gas Stufe 3 schalten, etwa eine Stunde und 15 Minuten backen (pro Portion ca. 380 Kalorien). Dazu: Vanillesoße.

Himbeerbuchteln mit Vanillesoße

▶ Für 8 Portionen

Buchteln: 500 g Mehl, 1 Päckchen Trockenhefe, 100 g Zucker, 1 Prise Salz, 1/4 l Milch, 80 g Butter oder Margarine, 2 Eier, 200 g Himbeerkonfitüre; Vanillesoße: 1/2 l Milch, 50 g Zucker, 1 Päckchen Vanillesoßenpulver, 125 g Schlagsahne.

Für die Buchteln Mehl, Hefe, Zucker und Salz mischen. Lauwarme Milch, Fettflöckchen und Eier zugeben. Teig zuerst mit den Knethaken des Handrührers, dann mit den Händen zu einem glatten Teig verkneten. Zugedeckt an einem warmen Ort gehen lassen. bis sich das Teigvolumen etwa verdoppelt hat. Inzwischen die Vanillesoße mit Milch, Zucker und Vanillesoßenpulver nach Packungsanweisung zubereiten und abkühlen lassen. Den Hefeteig durchkneten und zu einer Rolle (Durchmesser fünf Zentimeter) formen. In 16 Stücke schneiden. In jedes Stück mit einem Teelöffel eine Vertiefung drücken und mit je einem Teelöffel Konfitüre füllen. Teig darüber fest zusammendrücken und zu Kugeln formen. Nebeneinander in eine gefettete Auflaufform setzen und noch etwa 20 Minuten gehen lassen. Buchteln in den Backofen schieben, Ofen auf 200 Grad/Umluft 180 Grad/Gas Stufe 3 schalten und die Buchteln etwa 40 Minuten backen. Vanillesoße mit geschlagener Sahne verrühren und zu den Buchteln servieren (pro Portion ca. 505 Kalorien).

Eierkuchen mit Quarkfüllung

▶ Für 5 Portionen

Teig: 150 g Mehl, 3 Eier, 1/4 l Milch, 1 Eßl. Zucker, Salz; 5 Eßl. Öl zum Backen; Füllung: 1 Ei, 70 g Zucker, 250 g Quark (20 %), 50 g Rosinen, 1 Teel. Orangenessenz, 3 Eßl. Schlagsahne, 1 Eßl. Puderzucker.

Für den Teig Mehl, Eier, Milch, Zucker und eine Prise Salz verrühren. Aus dem Teig in heißem Öl nacheinander fünf Pfannkuchen backen. Für die Füllung Ei mit Zucker schaumig schlagen. Quark, Rosinen und Orangenessenz unterrühren. Die Quarkmasse auf die Pfannkuchen streichen. Zweimal zusammenklappen und in eine ofenfeste Form schichten. Mit Schlagsahne begießen und in den Backofen schieben. Auf 250 Grad/Umluft 230 Grad/Gas Stufe 5 schalten und die Eierkuchen 15 Minuten backen. Mit Puderzucker bestäuben und sofort servieren (pro Portion ca. 525 Kalorien).

Pflaumenpfannkuchen

▶ Für 5 Portionen

250 g Mehl, 1/2 Teel. Salz,
1/2 Päckchen Trockenhefe,
30 g Zucker, 2 Eier, 1/2 l Milch,
750 g Pflaumen,
50 g Butter oder Margarine,
Zimt und Zucker zum Bestreuen.

Mehl, Salz, Trockenhefe und Zucker in eine Schüssel geben. Eier und lauwarme Milch zugeben und alles mit den Knethaken des Handrührgerätes verkneten. Den flüssigen Teig etwa 30 Minuten zugedeckt an einem warmen Ort gehen lassen, bis er sich verdoppelt hat. Pflaumen waschen, trockentupfen, halbieren und entsteinen. Pflaumenhälften kleinschneiden. Etwas Fett in einer Pfanne zerlassen. Eine Schöpfkelle Teig dazugießen und ein Fünftel der Pflaumen darauf verteilen. Hellbraun backen. Den Pfannkuchen wenden und von der Rückseite ebenfalls hellbraun backen. Nacheinander aus dem Teig fünf Pfannkuchen backen. Heiß mit Zimt und Zucker bestreut servieren (pro Portion ca. 500 Kalorien).

TiP Rundliche Pflaumen haben vom Stengel bis zur Kuppe deutlich sichtbare Furchen, Zwetschen sind länglich, mit natürlich-mattem Belag auf der Haut.

Buchweizenschmarren

▶ Für 6 Portionen

50 g Rosinen, 4 Eßl. Orangenlikör (ersatzweise Orangensaft), 2 Eier, 1/8 l Milch, 80 g Buchweizenmehl (ersatzweise Weizenvollkornmehl), Salz, 1 Eßl. Zucker, 60 g Butter oder Margarine, 4 Eßl. Schlagsahne, 4 Eßl. gehackte Haselnüsse, 2 Eßl. Puderzucker.

Rosinen in Orangenlikör etwa eine Stunde einweichen. Eier, Milch, Buchweizenmehl, eine Prise Salz und Zucker verrühren. 45 Minuten stehenlassen. Die Hälfte des Fettes in einer großen Pfanne erhitzen. Die Hälfte der Teigmenge zufügen und vier Minuten backen. Pfannkuchen wenden und zwei Minuten weiterbacken. Den Pfannkuchen mit zwei Gabeln in Stücke teilen. Die Hälfte der Rosinen, zwei Eßlöffel Sahne und die Hälfte der Nüsse zufügen. Die Stücke unter häufigem Wenden noch drei Minuten hellbraun backen. Herausnehmen und warm stellen. Den zweiten Pfannkuchen ebenso backen. Schmarren mit Puderzucker bestäubt servieren (pro Portion ca. 320 Kalorien).

TiP Der angerührte Pfannkuchenteig soll vor dem Backen eine gute halbe Stunde stehen, damit das Mehl ausquillt und der Teig gebunden wird.

Heferollen mit Kirschfüllung

▶ Für 6 Portionen; Foto rechts

Teig: 400 g Mehl, 1 Päckchen Trockenhefe, 1 1/2 Eßl. Honig, 1 Prise Salz, 30 g Butter oder Margarine, 300 ccm Milch; Füllung: 1 großes Glas Schattenmorellen, 2 Eßl. Zucker, 1 Teel. gemahlener Zimt, 40 g Mandelstifte, 2 Eßl. Speisestärke, 100 g Marzipan-Rohmasse; Mehl für die Arbeitsfläche; 1/8 l Milch, 1 Prise Salz, 1 Eßl. Zucker, 20 g Butter; 1 Eßl. Puderzucker zum Bestäuben.

Für den Teig das Mehl mit der Trockenhefe mischen. Honig, Salz, weiches Fett und lauwarme Milch zugeben. Alles zuerst mit den Knethaken des Handrührers, dann mit den Händen verkneten. Abgedeckt an einem warmen Ort etwa eine Stunde gehen lassen, bis sich der Teig verdoppelt hat. Für die Füllung abgetropfte Kirschen, Zucker, Zimt, Mandeln, Stärke und Marzipanwürfel mischen. Hefeteig nochmals auf einer bemehlten Arbeitsfläche mit den Händen durchkneten. Zu einem Rechteck (etwa 40 mal 25 Zentimeter) ausrollen. Die Kirschfüllung darauf verteilen. Teig von der schmalen Seite her aufrollen und in fünf Stücke schneiden. Die lauwarme Milch, Salz, Zucker und Butter in eine ofenfeste Form geben. Teigrollen aufrecht nebeneinander hineinsetzen. Heferollen bei 180 Grad/Umluft 160 Grad/Gas Stufe 2 50 Minuten backen. Herausnehmen, sofort mit Puderzucker bestäuben und warm servieren (pro Portion ca. 330 Kalorien).

Waffeln mit Zimtkirschen

▶ Für 8 Stück

Teig: 150 g Butter oder Margarine, 100 g Zucker, 4 Eier, 1 Eßl. Rum, 200 g Mehl, 1/2 Päckchen Backpulver, Fett zum Backen; Zimt-Kirschen: 1 kleines Glas Schattenmorellen, 1/2 Päckchen Vanille-Puddingpulver, 2 Eßl. brauner Zucker, 1 gestrichener Eßl. gemahlener Zimt.

Fett und Zucker schaumig schlagen. Eier und Rum unterrühren. Mehl und Backpulver mischen und unterziehen. Im gefetteten Waffeleisen acht Waffeln backen. Kirschen abtropfen lassen und den Saft auffangen. Die Hälfte des Saftes und Puddingpulver verrühren. Restlichen Saft, Zucker und Zimt aufkochen. Angerührten Kirschsaft zufügen und einmal kräftig aufkochen. Mit den Kirschen vermischen und zu den Waffeln servieren (pro Stück ca. 395 Kalorien).

Quark-Apfeltaschen

▶ Für 12 Stück

Teig: 250 g Dinkel, 2 Teel. Backpulver, 1 Vanilleschote, 1 unbehandelte Zitrone, 175 g Butter, 250 g Magerquark; Mehl zum Ausrollen; Füllung: 500 g Äpfel (Boskop), 50 g Rosinen, 75 g Zucker, 1/2 Teel. Zimt; Fett für das Blech; zum Bestreichen: 1 Eigelb, 2 Eßl. Milch.

Fein gemahlenen Dinkel, Backpulver, ausgekratztes Vanillemark und abgeriebene Zitronenschale mischen. Weiche Butter und Quark zugeben und alles erst mit den Knethaken des Handrührers, dann mit den Händen verkneten. Den Teig in Folie verpackt etwa eine Stunde ruhenlassen. Teig auf wenig Mehl zu einem Rechteck (etwa 30 mal 40 Zentimeter) ausrollen. Zweimal zur Mitte zusammenklappen. Diesen Vorgang noch dreimal wiederholen, dabei den Teig zwischendurch jeweils etwa 15 Minuten im Kühlschrank ruhenlassen. Zuletzt zu einem Rechteck (48 mal 36 Zentimeter) ausrollen und in Quadrate (zwölf Zentimeter) schneiden. Für die Füllung ungeschälte Äpfel fein raspeln. Mit Rosinen, Zucker und Zimt vermischen. Füllung auf die Teigstücke verteilen. Teigstücke zu Dreiecken zusammenschlagen, dabei die Ränder mit einer Gabel fest andrücken. Auf ein mit Butter gefettetes Backblech legen. Eigelb und Milch verquirlen und die Apfeltaschen damit bestreichen. Apfeltaschen bei 200 Grad/Umluft 180 Grad/Gas Stufe 3 etwa 25 Minuten backen. Auskühlen lassen, aber ganz frisch servieren (pro Stück ca. 265 Kalorien). Dazu: Vanilleeis oder Schlagsahne.

Apfelpastete

▶ Für 4 Portionen

1 kg säuerliche Äpfel, 125 g Zucker, etwas Zimt, 15 g Rosinen, 4 Eßl. Haferflocken, 1 unbehandelte Zitrone, Fett für die Form, 1/2 Paket TK-Blätterteig (150 g).

Äpfel schälen und in feine Scheiben schneiden. Mit Zucker und Zimt bestreuen. Gewaschene Rosinen, Haferflocken, abgeriebene Zitronenschale und Saft dazugeben. In eine gefettete ofenfeste Form füllen. Aufgetauten Blätterteig in der Größe der Form ausrollen, über die Form legen und den Rand fest andrücken. Mit einer Küchenschere zwei Löcher in den Teig schneiden, damit der Dampf beim Backen abzieht. Die Apfelpastete in den Backofen schieben und bei 180 Grad/Umluft 160 Grad/Gas Stufe 2 etwa 50 Minuten backen (pro Portion ca. 565 Kalorien). Dazu: Nußeis, Schlagsahne oder Vanillesauce.

Brombeergrütze mit Grießklößchen

▶ Für 4 Personen

Grütze: 500 g Brombeeren, 120–150 g Zucker, 2 Eßl. Speisestärke; Klößchen: 1/2 l trockener Weißwein (ersatzweise weißer Fruchtsaft und 2 Eßl. Zitronensaft), 150 g Zucker, Salz, 125 g Grieß, 3 Eier.

Brombeeren waschen und trockentupfen. Die Hälfte der Beeren pürieren. Püree und Zucker in einen Topf geben und zwei Minuten kochen. Die ganzen Früchte zugeben. Speisestärke mit etwas Wasser glattrühren und zu den Beeren gießen. Grütze aufkochen und eine Minute kochen lassen. Eventuell nachsüßen. Für die Klöße Weißwein, Zucker und eine Prise Salz in einen Topf geben und aufkochen. Den Grieß unter Rühren einrieseln und im geschlossenen Topf bei kleinster Hitze 15 Minuten quellen lassen. Den Grieß etwas abkühlen lassen. Inzwischen Eiweiß steif schlagen. Eigelb unter den Grieß rühren. Eischnee unterheben. 20 Klößchen abstechen und in zwei Portionen nacheinander in siedendes Salzwasser geben. Bei kleinster Hitze zehn Minuten garen. Das Wasser darf dabei nicht mehr kochen. Klößchen abtropfen lassen und zur Grütze servieren (pro Portion ca. 645 Kalorien).

Quarkauflauf mit Johannisbeeren

▶ Für 4 Portionen

60 g Butter, 60 g Zucker, 2 Eier, 100 g Grieß, 1 Zitrone, 1/2 Päckchen Backpulver, 500 g Quark (20 %), Fett für die Form, 250 g Johannisbeeren, 2 Eßl. brauner Zucker.

Butter, Zucker, Eigelb, Grieß, abgeriebene Zitronenschale, Backpulver und Quark mit den Quirlen des Handrührers verrühren. Steif geschlagenen Eischnee unterziehen. Die Hälfte der Masse in eine gefettete Auflaufform füllen. Die gewaschenen, abgestreiften Johannisbeeren darauf verteilen und mit dem Zucker bestreuen. Mit der restlichen Quarkmasse auffüllen. Im Backofen bei 180 Grad/Umluft 160 Grad/Gas Stufe 2 etwa eine Stunde und 15 Minuten backen (pro Portion ca. 515 Kalorien).

TiP Wem Johannisbeeren zu sauer sind, der nimmt entsteinte Kirschen. Außerhalb der Beerensaison schmeckt der Auflauf mit Birnen, Äpfeln, kleingeschnittenen Bananen, gehackten Nüssen und fein gewürfelten Trockenfrüchten.

Nußpudding mit Stachelbeersoße

▶ Für 6 Portionen

Pudding: 4 Eier, 80 g Zucker,
1 Päckchen Vanillezucker, Salz,
200 g Haselnußkerne,
4 Eßl. Schlagsahne, 40 g Semmelbrösel,
Fett und Semmelbrösel für die Form;
Soße: 2 Blatt weiße Gelatine,
100 ccm Rotwein (ersatzweise roter
Traubensaft), 500 g Stachelbeeren,
2 Eßl. Zucker, 1 Vanilleschote,
1 Zweig Pfefferminze.

Eigelb, Zucker und Vanillezucker mit den Quirlen des Handrührers schaumig rühren, Eine Prise Salz, fein gemahlene Haselnüsse, Schlagsahne und die Semmelbrösel zugeben. Steifgeschlagenes Eiweiß unterheben. Teig in eine gut gefettete, mit Semmelbröseln ausgestreute Puddingform füllen. Deckel auf die Form klemmen, Pudding in einen Topf mit siedendem Waser stellen und im geschlossenen Topf etwa eine Stunde kochen. Für die Soße Gelatine in kaltem Wasser einweichen. Rotwein mit den gewaschenen Stachelbeeren (einige für die Dekoration aufbewahren), Zucker und Vanilleschote zum Kochen bringen. Drei Minuten kochen lassen, dann durch ein Sieb streichen. Ausgedrückte Gelatine in zwei Eßlöffel heißem Wasser auflösen und in die Soße rühren. Soße abkühlen lassen. Pudding aus dem Wasserbad nehmen und zehn Minuten stehen lassen. Form öffnen, Pudding auf eine vorgewärmte Platte stürzen. Mit der Soße übergießen, mit den restlichen Stachelbeeren und der Minze garnieren (pro Portion ca. 460 Kalorien).

Vollkornnudeln mit Backobst

▶ 4 Portionen; Foto rechts

400 g Backobst, 3/4 l Apfelsaft
250 g Vollkorn-Röhren-Nudeln, Salz,
1/2 unbehandelte Zitrone,
1 Teel. Speisestärke, 20 g Butter,
2 Eßl. brauner Zucker.

Backobst auf einem Sieb kalt abspülen und im Apfelsaft etwa 30 Minuten einweichen. Nudeln nach Packungsanweisung in leicht gesalzenem Wasser bißfest kochen. Backobst mit dem Apfelsaft und der Zitronenschale etwa 15 Minuten kochen. Speisetärke mit einem Eßlöfflel kaltem Wasser glattrühren, unter das Backobst rühren und aufkochen. Nudeln abgießen und gut abtropfen lassen. Mit dem Backobst auf vorgewärmten Tellern anrichten. Gebräunte Butter und braunen Zucker über die Nudeln geben (pro Portion ca. 640 Kalorien).

Müsliklöße mit Preiselbeersoße

Für 4 Portionen

250 g Quark (20%), 70 g Butter, 1/2 unbehandelte Zitrone, Salz, 1 Ei, 1 Eigelb, 50 g Vollweizengrieß, 50 g Müslimischung (Reformhaus oder Naturkostladen), 2 Eßl. Vollkornhaferflocken, 1 Eßl. Vollrohrzucker, 150 ccm Preiselbeersirup, 1 Orange.

Quark abtropfen lassen und durch ein Sieb streichen. Mit 30 Gramm weicher Butter, abgeriebener Zitronenschale und einer Prise Salz schaumig rühren. Ei, Eigelb und Grieß zugeben und gut verrühren. Abdecken und zwei Stunden kalt stellen. Aus dem Teig mit einem Teelöffel kleine Klöße abstechen. In siedendes Salzwasser geben und bei kleiner Hitze etwa zehn Minuten ziehen lassen. Inzwischen restliche Butter zerlassen. Müslimischung mit Haferflocken und Zucker kurz darin anrösten. Abgetropfte Klöße darin wälzen. Preiselbeersirup mit Orangensaft verrühren und zu den Klößen servieren (pro Portion ca. 610 Kalorien). Dazu: Obstsalat.

TiP Vollrohrzucker ist gemahlenes Zuckerrohr. Man bekommt es in Reformhäusern und Naturkostläden.

Mandel-Sahne-Reis mit heißer Pflaumensoße

Für 6 Portionen

1/2 l Milch, 1 Vanillestange, Salz, 125 g Milchreis, 125 g Mandeln mit Haut (ersatzweise Mandelstifte), 500 g Schlagsahne, 100 g Zucker; Pflaumensoße: 1 großes Glas Pflaumen, 2 Teel. Speisestärke, 1 Eßl. Zucker.

Milch, ausgekratztes Vanillemark und Salz aufkochen. Reis einstreuen und bei geringer Hitze etwa 45 Minuten ausquellen lassen. Zwischendurch umrühren, damit der Reis nicht ansetzt. Mandeln überbrühen und drei Minuten ziehen lassen. Mandelkerne aus den Häutchen drücken und hacken. Schlagsahne und Zucker steif schlagen. Pflaumen abgießen, dabei den Saft auffangen. Vier Eßlöffel Pflaumensaft und Speisestärke verrühren. Restlichen Saft und Zucker aufkochen. Angerührte Speisestärke einrühren und einmal aufkochen. Pflaumen darin erwärmen. Mandeln und Sahne unter den abgekühlten Reis heben. Pflaumensoße dazu servieren (pro Portion ca. 680 Kalorien).

TiP Der Reis ist ein üppiges, süßes Hauptgericht. Wer Kalorien sparen will, nimmt nur die Hälfte von Mandeln, Schlagsahne und Zucker.

REGISTER

Umwelthinweis
Alle bedruckten Materialien dieses Taschenbuches
sind chlorfrei und umweltschonend.

Der Goldmann Verlag
ist ein Unternehmen der Verlagsgruppe Bertelsmann

Originalausgabe November 1995

Umschlaggestaltung: Design Team München
Umschlagabbildung: Ortwin Möller (vorne und hinten)
Fotos: Heino Banderob (37, 41, 45, 49), Wulf Brackrock (13), Wolfgang Krüger (25, 57),
Ortwin Möller (Umschlag vorne, Innenseite, 17, 29, 53, 61), Hans-Joachim Schmidt (2/3, 5, 9, 21, 33)
Satz: Uhl + Massopust, Aalen
Bindung: Großbuchbinderei Monheim
Druck: J. P. Himmer, Augsburg
Verlagsnummer: 13865
Lektorat: Sabine Schubert
ss · Herstellung: Heidrun Nawrot
Made in Germany
ISBN 3-442-13865-5

10 9 8 7 6 5 4 3 2 1